胡适醒言录

有强　余卫星/编写

HUSHIXINGYANLU

吉林教育出版社

图书在版编目(CIP)数据

胡适醒言录 / 向有强,余卫星编写. — 长春:吉林教育出版社,2012.6(2018.2重印)
(和谐校园文化建设读本)
ISBN 978－7－5383－8759－9

Ⅰ.①胡… Ⅱ.①向… ②余… Ⅲ.①胡适(1891～1962)－语录－青年读物②胡适(1891～1962)－语录－少年读物 Ⅳ.①K825.4－49

中国版本图书馆 CIP 数据核字(2012)第 115999 号

胡适醒言录　　　　　　　　　　　　　　向有强　余卫星　编写

策划编辑　刘　军　　潘宏竹
责任编辑　庞　博　　　　　　　　　　**装帧设计**　王洪义

出版　吉林教育出版社(长春市同志街 1991 号　邮编 130021)
发行　吉林教育出版社
印刷　北京一鑫印务有限责任公司

开本　710 毫米×1000 毫米　1/16　　13 印张　**字数**　165 千字
版次　2012 年 6 月第 1 版　2018 年 2 月第 2 次印刷
书号　ISBN 978－7－5383－8759－9
定价　39.80 元

编 委 会

总 序

千秋基业，教育为本；源浚流畅，本固枝荣。

什么是校园文化？所谓"文化"是人类所创造的精神财富的总和，如文学、艺术、教育、科学等。而"校园文化"是人类所创造的一切精神财富在校园中的集中体现。"和谐校园文化建设"，贵在和谐，重在建设。

建设和谐的校园文化，就是要改变僵化死板的教学模式，要引导学生走出教室，走进自然，了解社会，感悟人生，逐步读懂人生、自然、社会这三部天书。

深化教育改革，加快教育发展，构建和谐校园文化，"路漫漫其修远兮"，奋斗正未有穷期。和谐校园文化建设的研究课题重大，意义重要，内涵丰富，是教育工作的一个永恒主题。和谐校园文化建设的实施方向正确，重点突出，是教育思想的根本转变和教育运行机制的全面更新。

我们出版的这套《和谐校园文化建设读本》，全书既有理论上的阐释，又有实践中的总结；既有学科领域的有益探索，又有教学管理方面的经验提炼；既有声情并茂的童年感悟，又有惟妙惟肖的机智幽默；既有古代哲人的至理名言，又有现代大师的谆谆教诲；既有自然科学各个领域的有趣知识，又有社会科学各个方面的启迪与感悟。笔触所及，涵盖了家庭教育、学校教育和社会教育的各个侧面以及教育教学工作的各个环节，全书立意深邃，观念新异，内容翔实，切合实际。

我们深信：广大中小学师生经过不平凡的奋斗历程，必将沐浴着时代的春风，吸吮着改革的甘露，认真地总结过去，正确地审视现在，科学地规划未来，以崭新的姿态向和谐校园文化建设的更高目标迈进。

让和谐校园文化之花灿然怒放！

本书编委会

目 录

一、人生篇

"科学的人生观",研究人是什么东西?在宇宙中占据什么地位?人生究竟有何意味?因为少年人近来觉得很烦闷,自杀、颓废的都有,我比较至少多吃了几斤盐,几担米,所以来计划计划,研究自身人的问题。至于人生观,各人不同,都随环境而改变,不可以一个人的人生观去统理一切;因为公有公理,婆有婆理,我们至少要以科学的立场,去研究它,解决它。"科学的人生观"有两个意思:第一拿科学做人生观的基础;第二拿科学的态度、精神、方法,做我们生活的态度,生活的方法。

——《科学的人生观》

拿天文、物理考察,得着宇宙之大;从前孙行者翻筋斗,一翻翻到南天门,一翻翻到下界,天的观念,何等的小?现在从地球到银河中间的最近的一个星,中间距离,照孙行者一秒钟翻十万八千里的速率计算,恐怕翻一万万年也翻不到,宇宙是何等的大?地球是宇宙间的沧海之一粟,九牛之一毛;我们人类,更是小,真是不成东西的东西!以前看得人的地位太重了,以为是万物之灵,同大地并行,凡是政治不良,就有彗星、地震的征象,这是错的。从前王充很能见得到,说:"一个虱子不能改变那裤子里的空气,和那人类不能改变皇天一样。"所以我们眼光要大。

——《科学的人生观》

根据了一切科学,知道宇宙、万物都有一定不变的自然行动。"自然自己,也是如此",就是自己自然如此,各物自己如此的行动,并没有一种背后的指示,或是一个主宰去规范他们。明白了这点,对于月蚀是月亮被天狗所吞的种种迷信,可以打破了。

——《科学的人生观》

从生物学的智识,可以看到物竞天择的原理。鲫鱼下卵有几百万个,但是变鱼的只有几个;否则就要变成"鱼世界"了! 大的吃小的,小的又吃更小的,人类都是如此。从此晓得人生不受安排,是自己如此的行动;否则要安排起来,为什么不安排一个完善的世界呢?

——《科学的人生观》

从社会学、生理学、心理学方面去看,人是什么东西? 吴稚晖先生说:"人是两手一个大脑的动物,与其他的不同,只在程度上的区别罢了。"人类的手,与鸡、鸭的掌差不多。实是他们的弟兄辈。

——《科学的人生观》

根据了人种学来看,人类是演进的;因为要应付环境,所以要慢慢的变;不变不能生存,要灭亡了。所以从下等的动物,慢慢演进到高等的动物,现在还是演进。

——《科学的人生观》

照生理学、社会学来讲,人类道德、礼教也变迁的。以前以为脚小是美观,但是现在脚小要装大了。所以道德、礼教的观念,正在改进。以二十年、二百年或二千年以前的标准,来判断二十年、二百年、二千年后的状况,是格格不相入的。

——《科学的人生观》

根据一切科学智识,人是要死的,物质上的腐败,和猫死狗死一般。但是个人不朽的工作,是功德:在立德,立功,立言。善恶都是不朽。一块痰中,有微生物,这菌能散布到空间,使空气都恶化了;人的言语,也是一样。凡是功业、思想,都能传之无穷;匹夫匹妇,都有其不朽的存在。

——《科学的人生观》

我们要看破人世间、时间之伟大,历史的无穷。人是最小的动物,处处都在演进,要去掉那小我的主张,但是那小小的人类,居然现在对于制度、政治各种都有进步。

——《科学的人生观》

三个弗相信的态度,人生问题就很多。有了怀疑的态度,就不会上当。以前我们幼时的智识,都从阿金、阿狗、阿毛等黄包车夫、娘姨处学来;但是现在自己要反省,问问以前的智识是否靠得住? 有此态度,对于什么马克斯、牛克思等主义都不致盲从了。

——《科学的人生观》

今天大家要我讲人生问题,这是诸位出的题目,我来交卷。这是很大的问题,让我先下定义,但是定义不是我的,而是思想界老前辈吴稚晖的。他说:人为万物之灵,怎么讲呢? 第一:人能够用两只手做东西。第二:人的脑部比一切动物的都大,不但比哺乳动物大,并且比人的老祖宗猿猴的还要大。有这能做东西的两手和比一切动物都大的脑部,所以说人为万物之灵。

——《人生问题》

人生是什么? 即是人在戏台上演戏,在唱戏。看戏有各种看法,即对人生的看法叫作人生观。但人生有什么意义呢? 怎样算好戏? 怎样算坏戏? 我常想:人生意义就在我们怎样看人生。意义的大小浅深,全在我们怎样去用两手和脑部。人生很短,上寿不过百年,完全可用手脑做事的时候,不过几十年。有人说,人生是梦,是很短的梦。

——《人生问题》

有人说,人生不过是肥皂泡。其实,就是最悲观的说法,也证实我上面所说人生的有没有意义全看我们对人生的看法。就算他是做梦吧,也要做一个热闹的、轰轰烈烈的好梦,不要做悲观的梦。既然辛辛苦苦的上台,就要好好的唱个好戏,唱个像样子的戏,不要跑龙套。

——《人生问题》

人生不是单独的,人是社会的动物,他能看见和想象他所看不到的东西,他有能看到上至数百万年下至子孙百代的能力。无论是过去,现在,或将来,人都逃不了人与人的关系。比如这一杯茶(讲演桌上放着一杯玻璃杯盛的茶)就包括多少人的贡献,这些人虽然看不见,但从种茶,挑选,用自来水,自来水又包括电力等等,这有多少人的贡献,这就可以看出社会的意义。我们的一举一动,也都有社会的意义,譬如我随便往地上吐口痰,经太阳晒干,风一吹起,如果我有痨病,风可以把病菌带给几个人到无数人。

——《人生问题》

在孔夫子小时,有一位鲁国人说:人生有三不朽,即立德,立功,立言。立德就是最伟大的人格,像耶稣孔子等。立功就是对社会有贡献。立言包括思想和文学,最伟大的思想和文学都是不朽的。

——《人生问题》

不但好的东西不朽,坏的东西也不朽,善不朽,恶亦不朽。一句好话可以影响无数人,一句坏话可以害死无数人。这就给我们一个人生标准,消极的我们不要害人,要懂得自己行为。积极的要使这社会增加一点好处,总要叫人家得我一点好处。

——《人生问题》

法国从前有一位科学家柏格生(Bergson)说:"人是制器的动物。"过去有许多人说:"人是有效力的动物。"也有许多人说:"人是理智的动物。"而柏格生说:"人是能够制造器具的动物。"这个初造器具的动物,是工程师的老祖宗。什么叫作工程师呢?工程师的作用,在能够找出自然界的利益,强迫自然世界把它的利益一个一个贡献出来;就是改造自然、征服自然、控制自然,以减除人的痛苦,增加人的幸福。这是工程师哲学的简单说法。

——《工程师的人生观》

大家都承认:学做工程师的,每天在课堂里面上应该上的课,在试验室里面做应该做的试验,也许忽略了最大的目标,或者忽略了真正的基本——工程师的人生观。

——《工程师的人生观》

人是能够制造器具的动物,别的动物,也有能够制造东西的,譬如:蜘蛛能够制造网,蜜蜂能够制造蜜糖,珊瑚虫能够制造珊瑚岛。而我们人同这些动物之所以不同,就是蜘蛛制造网的丝,是从肚子里出来的,它肚子里有无穷无尽的丝;蜜蜂采取百花,经一番制造,作成的确比原料高明的蜜糖:这些动物,可算是工程师;但是它的范围,它用的,只是它自己的本能。珊瑚虫能够做成很大的珊瑚岛,也是本能的。人,如果只靠他的本能,讲起来也是有限得很!

——《工程师的人生观》

人各有志,吾行吾素而已。

——《致春度》

用心思的人若不运动身体,最易得病。

——《致母亲》

适意吾辈不当乱骂人,乱骂人实在无益于事。

——《致钱玄同》

好人做官,自然不是为名利。为什么呢?为的是有一个做点好事的机会。我们敬爱先生的人,都不愿见先生于此时默默的就去了。我们很希望先生做一两件大事,提出一两个应该提出的大问题,然后以去就争之,争之不得,然后去。

古人说,"君子爱人以德",我想先生定不怪我多事。

——《致范源濂》

青年界对我的议论,乃是意中的事。生平不学时髦,不能跟人乱谈乱跑,尤不能谄事青年人,所以常遭人骂。但八年的挨骂已使我成了一个不怕骂的人;有时见人骂我,反使我感觉我还保留了一点招骂的骨气在自己人格里,还不算老朽。

——《致邵飘萍》

我是一个爱自由的人,——虽然别人也许嘲笑自由主义是19世纪的遗迹,——我最怕的是一个猜疑、冷酷、不容忍的社会。

——《致鲁迅、周作人、陈源》

你是一族之才士,一乡之领袖,岂可终于暴弃自己,沉迷不返?你现在身遭惨痛,正是一个人生转头反省的时候。若任此深刻的惨痛轻轻过去，不能使他在行为上、人格上，发生一点良好影响，岂不辜负了这一个惨痛的境地？

人生如梦，过去甚快，等闲白了少年的头，糊涂断送了一个可以有为之身，乃是最深重的罪孽也！

——《致胡近仁》

我有一种信仰："天下无白白地糟蹋的努力"，种豆种瓜终有相当的收获。不种而获，则为不可能的事。自由是争出来的，"邦有道"也在人为，故我们似宜量力作点争人格的事业。老虎乱扑人，不甚可怕；所苦者，十年来为烂纸堆的生活所诱，已深入迷阵，不易摆脱，心挂两头，既想争自由，又舍不得钻故纸，真是憾事。

——《致张元济》

至于爱说闲话，爱管闲事，你批评的十分对。受病之源在于一个"热"字。任公早年有"饮冰"之号，也正是一个热病者。我对于名利，自信毫无沾恋。但有时候总有点看不过，忍不住。王仲任所谓"心愤涌，笔手扰"，最足写此心境。自恨"养气不到家"，但实在也没有法子制止自己。

——《致周作人》

我受了十余年的骂，从来不怨恨骂我的人，有时他们骂的不中肯，我反替他们着急。有时他们骂的太过火了，反损骂者自己的人格，我更替他们不安。如果骂我而使骂者有益，便是我间接于他有恩了，我自然很情愿挨骂。如果有人说，吃胡适一块肉可以延寿一年半年，我也一定情愿自己割下来送给他，并且祝福他。

——《致杨杏佛》

我劝你不要把你的职业看作"市廛俗气坑"。一个人应该有一个职业，同时也应该有一个业余的嗜好。一切职业是平等的：粪夫与教授，同是为社会服务，同样的是一个堂堂的人。但业余的嗜好的高下却可以决定一个人的前途的发展。如果他的业余嗜好是赌博，他就是一个无益的人；如果他的业余嗜好是读书，或是学画，或是做慈善事业，或是研究无线电，或是学算学，……他也许可以发展他的天才，把他自己造成一个更有用的人。等到他的业余有了成绩，他的业余就可以变成他的主要职业了。

——《致郑中田》

如果你在你的职业里没有长进，你跟着我也不会有长进。

——《致郑中田》

我相信"多事总比少事好，有为总比无为好"；我相信种瓜总可以得瓜，种豆总可以得豆，但不下种必不会有收获。收获不必在我，而耕种应该是我们的责任。这种信仰已成一种宗教。一个人的宗教，——虽然有时也信道不坚，守道不笃，也想嘲笑自己："何苦乃尔！"但不久又终舍弃此种休假态度，回到我所谓"努力"的路上。

——《致周作人》

生平自称为"多神信徒"，我的神龛里，有三位大神，一位是孔仲尼，取其"知其不可而为之"；一位是王介甫，取其"但能一切舍，管取佛欢喜"；一位是张江陵，取其"愿以其身为蓐荐，使人寝处其上，溲溺垢秽之，吾无间焉，有欲割取我身鼻者，吾亦欢喜施与"。嗜好已深，明知老庄之旨亦自有道理，终不愿以彼易此。

——《致周作人》

少年时初次读《新约》，见耶稣在山上看见人多，叹息道："收成是很多的,可惜工作的人太少了!"我读此语,不觉泪流满面。至今时时不能忘此一段经验。三年多以来,每星期一晚编撰《独立评论》,往往到早晨三四点钟,妻子每每见怪,我总对她说:"一星期之中,只有这一天是我为公家做工,不为吃饭,不为名誉,只是完全做公家的事,所以我心里最舒服,做完之后,一上床就熟睡,你可曾看见我星期一晚上睡不着的吗?"她后来看惯了,也就不怪我了。

——《致周作人》

你说:"我们平常以为青年是在我们这一边。"我要抗议:我从来不作此想。我在这十年中,明白承认青年人多数不站在我这一边,因为我不肯学时髦,不能说假话,又不能供给他们"低级趣味",当然不能抓住他们,但我始终不肯放弃他们,我仍然要对他们说我的话,听不听由他们,我终不忍不说。

但我也有我的酬报。良心上的谴责减轻一点,上床时能熟睡,都是最好的酬报。至于最大的安慰,当然是我收到穷乡僻壤或海角天涯一个、两个青年人来信,诉说他们在某一点上受了我的某句话的影响,使他们得到某种的改变。无心插柳,也可成荫;有意栽花,岂能完全不活! 其不活者,只是耕锄不深,灌溉不力,只可责己,未可怨花也。

——《致周作人》

除了你我自己灰心大意,以为无希望外,没有事情是无希望的。

——《我的信仰》

我渐渐明白,世间最可厌恶的事莫如一张生气的脸;世间最下流的事莫如把生气的脸摆给旁人看。

——《我的信仰》

人世的大悲剧是无数的人们终身做血汗的生活,而不能得着最低限度的人生幸福，不能避免冻与饿。人世的更大悲剧是人类的先知先觉者眼看无数人们的冻饿，不能设法增进他们的幸福，却把"乐天"、"安命"、"知足"、"安贫"种种催眠药给他们吃，叫他们自己欺骗自己，安慰自己。西方古代有一则寓言说，狐狸想吃葡萄，葡萄太高了，他吃不着，只好说："我本不爱吃这酸葡萄！"狐狸吃不着甜葡萄，只好说葡萄是酸的；人们享不着物质上的快乐，只好说物质上的享受是不足羡慕的，而贫贱是可以骄人的。这样自欺自慰成了懒惰的风气，又不足为奇了。于是有狂病的人又进一步，索性回过头去，戕贼身体，断臂、绝食、焚身，以求那幻想的精神的安慰。从自欺自慰以至于自残自杀。人生观变成了人死观，都是从一条路上来的：这条路就是轻蔑人类的基本的欲望。朝这条路上走，逆天而拂性，必至于养成懒惰的社会，多数人不肯努力以求人生基本欲望的满足，也就不肯进一步以求心灵上与精神上的发展了。

——《我们对于西洋近代文明的态度》

"人生有何意义？"其实这个问题是容易解答的。人生的意义全是各人自己寻出来，造出来的：高尚，卑劣，清贵，汙浊，有用，无用，……全靠自己的作为。生命本身不过是一件生物学的事实，有什么意义可说？生一个人与一只猫，一只狗，有什么分别？人生的意义不在于何以有生，而在于自己怎样生活。你若情愿把这六尺之躯葬送在白昼做梦之上，那就是你这一生的意义。你若发愤振作起来，决心去寻求生命的意义，去创造自己的生命的意义，那么，你活一日便有一日的意义，作一事便添一事的意义，生命无穷，生命的意义也无穷了。

总之，生命本没有意义，你要能给他什么意义，他就有什么意义。与其终日冥想人生有何意义，不如试用此生作点有意义的事。

——《人生有何意义》

在一个扰攘纷乱的时期里跟着人家乱跑乱喊，不能就算是尽了爱国的责任，此外还有更难更可贵的任务：在纷乱的喊声里，能立定脚跟，打定主意，救出你自己，努力把你这块材料铸造个有用的东西！

——《爱国运动与求学》

今日最悲观的人，实在都是当初太乐观了的人。他们当初就根本没有了解他们所期望的东西的性质，他们梦想一个自由平等，繁荣强盛的国家，以为可以在短时期中就做到那种梦想的境界。他妄想一个"奇迹"的降临，想了二十三年，那"奇迹"还没有影子，于是他们的信心动摇了，他们的极度乐观变成极度悲观了。

——《悲观声浪里的乐观》

换句话说：悲观的人的病根在于缺乏历史的眼光。因为缺乏历史的眼光，所以第一不明白我们的问题是多么艰难，第二不了解我们应付艰难的凭借是多么薄弱，第三不懂得我们开始工作的时间是多么迟晚，第四不想想二十三年是多么短的一个时期，第五不认得我们在这样短的时期里居然也做到了一点很可观的成绩。

——《悲观声浪里的乐观》

有人对你说，"人生如梦"。就算是一场梦罢，可是你只有这一个做梦的机会。岂可不振作一番，做一个痛痛快快轰轰烈烈的梦？

有人对你说，"人生如戏"。就说是做戏罢，可是，吴稚晖先生说的好："这唱的是义务戏，自己要好看才唱的；谁便无端的自己扮做跑龙套，辛苦的出台，止算做没有呢？"

其实人生不是梦，也不是戏，是一件最严重的事实。你种谷子，便有人充饥；你种树，便有人砍柴，便有人乘凉；你拆烂污，便有人遭瘟；你放野火，便有人烧死。你种瓜便得瓜，种豆便得豆，种荆棘便得荆棘。少年的朋友们,你爱种什么? 你能种什么?

——《介绍我的思想》

宁鸣而死,不默而生。

——《宁鸣而死,不默而生》

个人是环境的产儿。环境的势力诚然很大,个人的努力往往如石沉大海,似无可为力。……但个人确也有改造环境的可能。

——《胡适的日记》

个人应尊重自己良心上的判断,不可苟且附和社会。今日我一个人的主张,明日或可变成三个人的主张,不久或可变成少数党的主张,不久或可变成多数党的主张。

——《胡适的日记》

意志坚强的人都不能没有主观,但主观是和私意私利绝不相同的。

——《丁在君这个人》

时髦话谁不会说? 说逆耳之言,说群众不爱听的话,说负责任的话,那才需要道德上的勇气。

——《致吴世昌的信》

什么是人格? 人格只是已养成的行为习惯的总和。

——《写在孔子诞辰纪念之后》

人在青年时代,当尽力做"增加求学的能力"和"发现向来不曾发现的兴趣"两项工作。能力增加了,兴趣博大浓厚了,再加上良好习惯养成,这便是人格的养成,不仅仅是知识上的进境而已。

——《致夏蕴兰信》

我们的观察和判断自然难保没有错误,但我们深信自觉的探路总胜于闭了眼睛让人牵着鼻子走。

——《我们走那条路》

少年人初次与冷酷的社会接触,容易感觉与理想与事实相去太远,容易发生悲观和失望。多年怀抱的人生理想,改造的热诚,奋斗的勇气,到此时候,好像全不是那么一回事。渺小的个人在那强烈的社会炉火里,往往经不起长时期的烤炼就熔化了,一点高尚的理想不久就幻灭了。抱着改造社会的梦想而来,往往是弃甲曳兵而走,或者做了恶势力的俘虏。你在那俘虏牢狱里,回想那少年气壮时代的种种理想主义,好像都成了自误误人的迷梦!从此以后,你就甘心放弃理想人生的追求,甘心做现成社会的顺民了。

——《赠与今年的大学毕业生》

在我们探路之前,应该先决定我们要到什么地方去——我们的目的地。这个问题是我们的先决问题,因为如果我们不想到那儿去,又何必探路呢?

——《我们走那条路》

发展个人的个性,须要有两个条件。第一,须使个人有自由意志。第二,须使个人担干系,负责任。

——《易卜生主义》

少年中国的人生观，依我个人看来，该有下列的几种要素：

第一须有批评的精神。一切习惯、风俗、制度的改良，都起于一点批评的眼光；个人的行为和社会的习俗，都最容易陷入机械的习惯，到了"机械的习惯"的时代，样样事都不知不觉的做去，全不理会何以要这样做，只晓得人家都这样做故我也这样做；这样的个人便成了无意识的两脚机器，这样的社会便成了无生气的守旧社会，我们如果发愿要造成少年的中国，第一步便须有一种批评的精神。批评的精神不是别的，就是随时随地都要问我为什么要这样做？为什么不那样做？

第二须有冒险进取的精神。我们须要认定这个世界是很多危险的，定不太平的，是需要冒险的；世界的缺点很多，是要我们来补救的；世界的痛苦很多，是要我们来减少的；世界的危险很多，是要我们来冒险进取的。俗话说得好："成人不自在，自在不成人。"我们要做一个人，岂可贪图自在；我们要想造一个"少年的中国"，岂可不冒险；这个世界是给我们活动的大舞台，我们既上了台，便应该老着面皮，拼着头皮，大着胆子，干将起来。那些缩进后台去静坐的人都是懦夫，那些袖着双手只会看戏的人，也都是懦夫。这个世界岂是给我们静坐旁观的吗？那些厌恶这个世界梦想超生别的世界的人，更是懦夫，不用说了。

第三须要有社会协进的观念。上条所说的冒险进取，并不是野心的，自私自利的；我们既认定这个世界是给我们活动的，又须认定人类的生活全是社会的生活，社会是有机的组织，全体影响个人，个人影响全体，社会的活动是互助的，你靠他帮忙，他靠你帮忙，我又靠你同他帮忙，你同他又靠我帮忙；你少说了一句话，我或者不是我现在的样子，我多尽了一分力，你或者也不是你现在这个样子。我和你多尽了一分力，或少做了一点事，社会的全体也许不是现在这个样子，这便是社会协进的观念。有这个观念，我们自然把人人都看作同力合作的伴侣，自然会尊重人人的人格了；有这个观念，我们自然觉得我们的一举一动都和社会有关，自然不肯为社会造恶因，自然要努力为社会种善果，自然不致变成自私自利的野心投机家了。

少年的中国，中国的少年，不可不时时刻刻保存这种批评的、冒险进取的、社会的人生观。

——《少年中国之精神》

孔子说："修己以敬，修己以安人，修己以安百姓。"修己就是把自己弄好。我们应当先把自己弄好，然后帮助别人；独善其身然后能兼善天下。同学们，现在我们读书的时候，不要空谈高唱博爱；但应先努力学习，充实自己，到我们有充分能力的时候才谈博爱，仍不算迟。

——《大宇宙中谈博爱》

哲学是我的职业，文学是我的娱乐，政治只是我的一种忍不住的新努力。

——《新的歧路》

有些人真聪明，可惜把聪明用得不得当，他们能够记得二三十年前朋友谈天的一句话，或是某人骂某人的一句话。我总觉他们的聪明太无聊。人家骂我的话，我统统都记不起了。并且要把它忘记得更快更好！

——《胡适之先生晚年谈话录》

什么是信心？信心只是敢于肯定一个不可知的将来的勇气。

——《写在孔子诞辰纪念之后》

我不相信有白丢了的工作。如果一种工作——努力——是思想考虑的结果，他总不会不发生效果的。不过有迟早罢了。迟的也许在十年二十年之后，也许在百年之后；但早的往往超过我们的意料之外。我平生的经验使我相信，我们努力的结果往往比我们预料的多的多。

——《胡适的日记》

一个人作了大官后就没有用了，一切由人家服侍，结果什么事都不会做；一个人什么事也不会做，就变成废人了。

——《胡适之先生晚年谈话录》

　　在古代……独善主义还有存在的理由；在现代，我们就不该崇拜他了。古代的人不知道个人有多大的势力，故孟轲说："穷则独善其身，达则兼善天下。"古人总想，改良社会是"达"了以后的事业，——是得君行道以后的事业——故承认个人——穿的个人——只能做独善的事业，不配做兼善的事业。古人错了，现在我们承认个人有许多事业可做。人人都是无冠的帝王，人人都可以做一些改良社会的事。去年的五四运动和六三运动，何尝是"得君行道"的人做出来的？知道个人可以做事，知道有组织的个人更可以做事，便可以知道这种个人主义的独善生活是不值得模仿的了。

——《中国古代哲学史》

二、情感篇

酷暑已去大半，早晚凉风送爽，居此甚可乐。有时月出玩月散步，颇念少时在吾家门外坦场夜生石凳上乘凉，仰看天河数流星，此种乐趣都如梦寐。曩时童稚之交，如近仁叔，如细花兄，如和秋兄，今想都儿女盈前作人父矣。凤姣姐、惠萍侄女今想皆已出嫁，人事卒卒，真可省味。

——《致母亲》

不意吾母书到之第三日，白特生夫人忽得急病，卧床一时许而暴卒，死时享年五十九岁。夫人待儿真如家人骨肉，天涯羁旅中得此厚爱，真非易事。今夫人遽尔仙逝，报德之私遂成虚愿。儿往唁其家，凭尸一叹，哀从中来。如此书抵家之日，吾母前所备送白夫人礼物尚未寄出，乞且将此诸物竟寄来，当交其夫收。昔吴季子挂剑墓上，以践宿诺。今白夫人虽死，儿与吾母皆心许此赠品矣。

——《致母亲》

此次失物，并不值几个钱，只可惜家中特为我做的马褂也偷去了。还有那剃头须刀，从家中寄来，只用了两次，便被他拿去了。别的东西，他用得着，倒也罢了。这一盒剃刀他拿去一定不会用，岂不是白白地枉费心思吗？

——《致母亲》

我是最爱惜少年天才的人。对于新兴的少年同志，真如爱花的人望着鲜花怒放，心里只有欢欣，绝无丝毫"忌刻"之念。但因为我爱惜他们，我希望永远能作他们的诤友，而不至于仅作他们的盲徒。

——《致郭沫若、郁达夫》

后来你们和几位别人，做了许多文章，很有许多意气的话，但我始终不曾计较。因为有许多是"节外生枝"的话，徒伤感情与日力，没有什么益处，我还是退避为妙。

——《致郭沫若、郁达夫》

至于就译书一事的本题而论，我还要劝你们多存研究态度而少用意气。在英文的方面，我费了几十年的苦功，至今只觉其难，不见其易。我很诚恳地希望你们宽恕我那句"不通英文"的话，只当是一个好意的诤友无意中说的太过火了。如果你们不爱听这种笨拙的话，我很愿意借这封信向你们道歉。——但我终希望你们万一能因这两句无礼的信的刺激而多读一点英文；我尤其希望你们要明白我当初批评达夫的话里，丝毫没有忌刻或仇视的恶意。

——《致郭沫若、郁达夫》

你说我怪你的事，当是传闻的瞎说，或者是你神经过敏，有所误会。我确有点怪你，但从不曾对一个人说过，我怪你的是你有一次信片上说，你有许多材料，非有重价，不肯拿出来。我后来曾婉辞劝你过，但我心里实在有点不好过：我觉得你以"书贾"待人，而以市侩自待，未免教我难堪。校一书而酬千金，在今日不为低价；在历史上则为创举。而你犹要玩一个把戏，留一部分为奇货。我在这种介绍上，只图救人之急，成人之名，丝毫不想及自身，并且还赔工夫写信作序，究竟所为何来？为的是要替国家开一条生路，如是而已。

——《致刘文典》

拿尽心做的文字去卖三块钱至五块钱，不算是可耻的事。献寿文，作瞒心昧己的谀墓文，那是文丐；借文字敲竹杠，那是文丐；用抄窃敷衍的文字骗钱，那是文丐；迎合社会的恶劣心理，制造下流读物，那是文丐。但拿不苟且而有价值的文字换得相当的报酬，那是一种正当的生活。我们如果有一点忠恕之心，不应该这样嘲骂他们。如吴稚晖先生在极穷困之中，作文亦不受酬，那是超人待己之严，是可佩服的。但不以此自律，而以此骂人，那是我不希望我的朋友做的，尤其不希望你干的。

——《致高一涵》

君子立论，宜存心忠厚。凡不知其真实动机，而事迹有可取者，尚当嘉许其行为，而不当学理学家苛刻诛心的谬论，——何况我深知"商务"此番全出于好意的友谊，而你说的话太过火了，使我觉得很对"商务"不住。

——《致高一涵》

你们三位都是我很敬爱的朋友，所以我感觉你们三位这八九个月的深仇也似的笔战是朋友中最可惋惜的事。我深知道你们三位都自信这回打的是一场正谊之战，所以我不愿意追溯这战争的原因与历史，更不愿评论此事的是非曲直。我最惋惜的是，当日各本良心的争论之中，不免都夹杂着一点对于对方动机上的猜疑；由这一点动机上的猜疑，发生了不少笔锋上的情感；由这些笔锋上的情感，更引起了层层猜疑，层层误解。猜疑愈深，误解更甚。结果便是友谊上的破裂，而当日各本良心之主张就渐渐变成了对骂的笔战。

我十月到上海时，一班少年朋友常来问我你们争的是什么，我那时还能约略解释一点。越到了后来，你们的论战离题越远，不但南方的读者不懂得你们说的什么话，连我这个老北京也往往看不懂你们用的什么"典"，打的什么官司了。我们若设身处地，为几千里外或三五年后的读者着想，为国内崇敬你们的无数青年着想，他们对于这种"无头"官司有何意义？有何兴趣？

我觉得我们现在应该做的事业多着咧！耶稣说的好："收成是很丰足的，可惜作工的人太少了！"国内只有这些可以作工的人，大家努力"有一分热，发一分光"，还怕干不了千万分之一的工作，——我们岂可自己相猜疑，相残害，减损我们自己的光和热吗？

——《致鲁迅、周作人、陈源》

敬爱的朋友们，让我们都学学大海。"大水冲了龙王庙，一家人不认得一家人。""他们"的石子和秽水，尚且可以容忍，何况"我们"自家人的一点子误解，一点子小猜嫌呢？

亲爱的朋友们，让我们从今以后，都向上走，都朝前走，不要回头睬那伤不了人的小石子，更不要回头来自相践踏。我们的公敌是在我们的前面，我们进步的方向是朝上走。

——《致鲁迅、周作人、陈源》

你的失望，我很能了解，但我要对你说，爱情不过是人生的一件事，同其他生活有同样的命运：有成功，也有失败。我们要当得起成功，更要耐得住失败；凡耐不住失败的，什么大事都不能做。

你只有两条路，一是继续爱她，被弃而不怒，被骗而不怨。本不求报，何怨？何怒？爱情岂是做买卖吗？一是不再爱她，朋友仍是朋友，"亲者毋失其为亲也，故者毋失其为故也"。若宣布于世，以谋报复，那是悻悻小人之所为，不是君子做的事。

何况你这一次恋爱的人，依你所说是不值得你的爱情的。若果如此，则你的失败，只是盲目的爱的失败，失败正是幸福。

况且你既然尊重女子的人格，便应该承认她的自由。她自有自由，自有不爱你的自由，——无论你如何爱她。

真爱情是不一定求报答的。她不爱你，你不能勉强她，不应该勉强她。

——《致刘公任》

你信上提起"交浅言深"的话，使我有点感触。生平对于君家昆弟，只有最诚意的敬爱，种种疏隔和人事变迁，此意始终不减分毫。相去虽远，相期至深。此次来书情意殷厚，果符平日的愿望，欢喜之至，至于悲酸。此是真情，想能见信。

你的"老朽"之感，我也很有同情。向来自负少年，以为十年著一部书，算不得迟缓。去年去赴任公的大敛，忽然坠泪，深觉人生只有这几个十年，不可不趁精力未衰时做点能做而又爱做的事。

——《致周作人》

你这么小小年纪，就离开家庭，你妈和我都很难过。但我们为你想，离开家庭是最好办法。第一使你操练独立的生活；第二使你操练合群的生活；第三使你自己感觉用功的必要。

——《致胡祖望》

自己能照应自己，服侍自己，这是独立的生活。饮食要自己照管，冷暖要自己知道。最要紧的是做事要自己负责任。你工课做的好，是你自己的光荣；你做错了事，学堂记你的过，惩罚你，是你自己的羞耻。做的好，是你自己负责任。做的不好，也是你自己负责任。这是你自己独立做人的第一天，你要凡事小心。

——《致胡祖望》

你现在要和几百人同学了，不能不想想怎么样才可以同别人合得来。人同人相处，这是合群的生活。你要做自己的事，但不可妨害别人的事。你要爱护自己，但不可妨害别人。能帮助别人，须要尽力帮助人，但不可帮助别人做坏事。如帮人作弊，帮人犯规则，都是帮人做坏事，千万不可做。

合群有一条基本规则，就是时时要替别人想想：时时要想想："假使我做了他，我应该怎样？""我受不了的，他受得了吗？我不愿意的，他愿意吗？"你能这样想，便是好孩子。

——《致胡祖望》

你不是笨人，功课应该做得好。但你要知道世上比你聪明的人多的很，你若不用功，成绩一定落后。功课及格，那算什么？在一班要赶在一班的最高一排，在一校要赶在一校的最高一排。功课要考最优等，品行要列最优等，做人要做最上等的人，这才是有志气的孩子。但志气要放在心里，要放在工夫里，千万不可放在嘴上，千万不可摆在脸上；无论你志气怎样高，对人切不可骄傲；无论你成绩怎么好，待人总要谦虚和气。你越谦虚和气，人家越敬你爱你；你越骄傲，人家越恨你，越瞧不起你。

——《致胡祖望》

我不料你还把这件事耿耿于心，我反觉得不安了。我当时自责尚不暇，那能责你？少年人谁没有过失？但公私不分，却是大过。

——《致赵少侯》

在君有"赤脚大仙"之号，我们同赤脚走沙上，见狗矢（屎），他戏指是仙人留下灵丹，服之可登仙！此种友朋儿戏，及今思之，何可复得！

——《致周作人》

我对于你们几个朋友（包括寄梅先生与季高兄等），绝对相信你们"出山要比在山清"。但私意总觉得此时更需要的是一班"面折廷争"的诤友诤臣，故私意总期望诸兄要努力做 educate the chief（教育领袖）的事业，锲而不舍，终有效果。行政院的两处应该变成一个"幕府"，兄等皆当以宾师自处，遇事要敢言，不得已时以去就争之，莫令杨诚斋笑人也。

——《致翁文灏、蒋廷黻、吴景超》

自从志摩死后，在君、新六相继而去，真使人感觉孤凄寂寞。新六的性情最忠厚。心思最细密，天资最聪明，在朋友之中，最不可多得。我最敬爱的朋友之中，在君、新六为最相投，不料这两个最可爱的朋友偏偏最先死了！

——《致江东秀》

我读你信上说："但愿你给我信上的一句话，'我一定回到学术生活上去'，我恨自己不能帮你助一点力，害你走上这条路上去的。"我将来要做到这一句话。现在我出来做事，心里常常感觉惭愧，对不住你。你总劝我不要走上政治路上去，这是你的帮助我。若是不明大体的女人，一定巴望男人做大官，你跟我二十年，从来不作这样想，所以我们能一同过苦日子。所以我给新六信上说，我颇愧对老妻，这是真心的话。

——《致江东秀》

这一次别离，已有两年另四个月，要算是最长久的分离了。我心里常想念你，常常觉得老年夫妻不应该如此长久分离，但我现在实在没有法子，一时脱不得身。《琵琶行》说，"商人重利轻别离"。我此次出门，既不为利，更不为名，只为国家有危急，我被征调出来，不能不忍起心肠，抛家别友，来做两三年的孤家寡人。

——《致江东秀》

学社会科学的人，应该到内地去看看人民的生活实况。你二十年不曾离开家庭,是你最不幸的一点。你今年二十了(十八岁半)。应该决心脱离妈妈,去尝尝独立自治的生活。

——《致胡思杜》

我年甫十三,即离家上路七日,以求"新教育"于上海。自这次别离后,我于十四年之中,只省候过我母亲三次,一总同她住了大约七个月。出自她对我伟大的爱忱,她送我出门,分明没有洒过一滴眼泪就让我在这广大的世界中,独自求我自己的教育和发展,所带着的,只是一个母亲的爱,一个读书的习惯,和一点点怀疑的倾向。

——《我的信仰》

我在我母亲的教训之下住了九年,受了她的极大深刻的影响。我十四岁(其实只有十二岁零两三个月)就离开她了,在这广漠的人海里独自混了二十多年,没有一个人管束过我。如果我学得了一丝一毫的好脾气,如果我学得了一点点待人接物的和气,如果我能宽恕人,体谅人,——我都得感谢我的慈母。

——《九年的家乡教育》

爱情必须经过道德的洗炼,使感情的爱变为人格的爱,方能算的真爱。……夫妇关系一旦成立以后,非一方破弃道德的制裁,或是生活上有不得已的缘故,这关系断断不能因一时感情的好恶随便可以动摇。

——《论贞操问题:答蓝志先》

夫妇的关系所以和别的关系(如兄弟姊妹朋友)不同,正为有这一点异性的恋爱在内。若没有一种真挚专一的异性恋爱,那么共同生活便成了不可终日的痛苦。名分观念便成了虚伪的招牌,儿女的牵系便也和猪狗的母子关系没有大分别了。我们现在且不要悬空高谈理想的夫妇关系,且仔细观察最大多数人的实际夫妇关系究竟是什么样子。我以为我们若从事实上的观察作根据,一定可以得到这个断语:夫妇之间的正当关系应该以异性的恋爱为主要元素;异性的恋爱专注在一个目的,情愿自己制裁性欲的自由,情愿永久和他所专注的目的共同生活,这便是正当的夫妇关系。人格的爱,不是别的,就是这种正当的异性恋爱加上一种自觉心。

——《论贞操问题:答蓝志先》

我们不相信志摩会"悄悄的走了",也不忍想志摩会死一个"平凡的死",死在天空之中,大雨淋着,大雾笼罩着,大火焚烧着,那撞不倒的山头在旁边冷眼瞧着。我们新时代的新诗人,就是要自己挑一种死法,也挑不出更合式,更悲壮的了。

志摩走了,我们这个世界里被他带走了不少的云彩。他在我们这些朋友之中,真是一片最可爱的云彩,永远是温暖的颜色,永远是美的花样,永远是可爱。

——《追悼志摩》

这十几天里,常有朋友到家里来谈志摩,谈起来常常有人痛哭。在别处痛哭他的,一定还不少。志摩所以能使朋友这样哀念。

——《追悼志摩》

志摩今年在他的《猛虎集自序》里,曾说他的心境是"一个曾经有单纯信仰的流入怀疑的颓废"。这句话是他最好的自述。他的人生观真是一种"单纯信仰",这里面只有三个大字:一个是爱,一个是自由,一个是美。他梦想这三个理想的条件能够会合在一个人生里,这是他的"单纯信仰"。他的一生的历史,只是他追求这个单纯信仰的实现的历史。

——《追悼志摩》

他的失败是一个单纯的理想主义者的失败。他的追求，使我们惭愧，因为我们的信心太小了，从不敢梦想他的梦想。他的失败，也应该使我们对他表示更深厚的恭敬与同情，因为偌大的世界之中，只有他有这信心，冒了绝大的危险，费了无数的麻烦，牺牲了一切平凡的安逸，牺牲了家庭的亲谊和人间的名誉，去追求，去试验一个"梦想之神圣境界"，而终于免不了残酷的失败，也不完全是他的人生观的失败。他的失败是因为他的信仰太单纯了，而这个现实世界太复杂了，他的单纯的信仰禁不起这个现实世界的摧毁。正如易卜生的诗剧 Brand 里的那个理想主义者，抱着他的理想，在人间处处碰钉子，碰的焦头烂额，失败而死。

——《追悼志摩》

守常惨死，独秀幽囚，新青年旧日同伙又少一个。拼命精神，打油风趣，老朋友当中无人不念半农。

——《刘半农先生挽辞》

爱情的代价是痛苦，爱情的方法是要忍得住痛苦。

——《爱情与痛苦》

古人把一切做人的道理都包在孝字里，故战阵无勇、莅官不敬，等等，都是不孝。……所以我要我的儿子做一个堂堂的人，不要他做我的孝顺儿子。我的意思以为"一个堂堂的人"决不至于做打爹骂娘的事，决不至于对他的父母毫无感情。

——《我的儿子》

"父母于子无恩"的话，从王充、孔融以来，也很久了。从前有人说我曾提倡这话，我实在不能承认。直到今年我自己生了一个儿子，我才想到这个问题上去。我想这个孩子自己并不曾自由主张要生在我家，我们做父母的不曾得他的同意，就糊里糊涂的给了他一条生命。况且我们也并不曾有意送给他这条生命。我们既无意，如何能居功？如何能自以为有恩于他？他既无意求生，我们生了他，我们对他只有抱歉，更不能"市恩"了。我们糊里糊涂的替社会上添了一个人，这个人将来一生的苦乐祸福，这个人将来在社会上的功罪，我们应该负一部分的责任。说得偏激一点，我们生一个儿子，就好比替他种下了祸根，又替社会种下了祸根。他也许养成坏习惯，做一个短命浪子；他也许更堕落下去，做一个军阀派的走狗。所以我们"教他养他"，只是我们自己减轻罪过的法子，只是我们种下祸根之后自己补过弥缝的法子。这可以说是恩典吗？

……我的意思是要我这个儿子晓得我对他只有抱歉，决不居功，决不市恩，至于我的儿子将来怎样待我，那是他自己的事。我决不期望他报答我的恩，固为我已宣言无恩于他。

——《我的儿子》

久而敬之这句话，也可以作夫妇相处的格言。所谓敬，就是尊重。用现在的话来说，就是尊重对方的人格。要能做到尊重对方的人格，才有永久的幸福。

——《胡适之先生晚年谈话录》

"做学问要于不疑处有疑；待人要于有疑处不疑"。若不如此，必致视朋友为仇雠，视世界为荆天棘地。

——《致白薇信》

三、读书篇

读书会进行的步骤，也可以说是采取的方式大概不外三种：

第一种是大家共同选定一本书本读，然后互相交换自己的心得及感想。

第二种是由下往上的自动方式，就是先由会员共同选定某一个专题，限定范围，再由指导者按此范围拟定详细节目，指定参考书籍。每人须于一定期限内作成报告。

第三种是先由导师拟定许多题目，再由各会员任意选定。研究完毕后写成报告。

——《读书的习惯重于方法》

读书无捷径，是没有什么简便省力的方法可言的。读书的习惯可分为三点：一是勤，二是慎，三是谦。

——《读书的习惯重于方法》

勤苦耐劳是成功的基础，做学问更不能欺己欺人，所以非勤不可。其次，谨慎小心也是很需要的，清代的汉学家著名的如高邮王氏父子、段茂堂等的成功，都是遇事不肯轻易放过，旁人看不见的自己便可看见了。如今的放大几千万倍的显微镜，也不过想把从前看不见的东西现在都看见罢了。谦就是态度的谦虚，自己万不可先存一点成见，总要不分地域门户，一概虚心的加以考察后，再决定取舍。这三点都是很要紧的。

其次，还有个买书的习惯也是必要的，闲时可多往书摊上逛逛，无论什么书都要去摸一摸，你的兴趣就是凭你伸手乱摸后才知道的。图书馆里虽有许多的书供你参考,然而这是不够的。因为你想往上圈画一下都不能,更不能随便的批写。所以至少像对于自己所学的有关的几本必备书籍,无论如何,就是少买一双皮鞋,这些书是非买不可的。

——《读书的习惯重于方法》

青年人要读书,不必先谈方法,要紧的是先养成好读书、好买书的习惯。

——《读书的习惯重于方法》

从前有一位大哲学家做了一篇读书乐,说到读书的好处,他说:"书中自有千钟粟,书中自有黄金屋,书中自有颜如玉。"这意思就是说,读了书可以做大官,获厚禄,可以不至于住茅草房子,可以娶得年轻的漂亮太太。

——《胡适演讲集》

为什么要读书? 有三点可以讲:第一,因为书是过去已经知道的智识学问和经验的一种记录,我们读书便是要接受这人类的遗产;第二,为要读书而读书,读了书便可以多读书;第三,读书可以帮助我们解决困难,应付环境,并可获得思想材料的来源。我一踏进青年会的大门,就看见许多关于读书的标语。

——《胡适演讲集》

书是代表人类老祖宗传给我们的智识的遗产,我们接受了这遗产,以此为基础,可以继续发扬光大,更在这基础之上,建立更高深更伟大的智识。人类之所以与别的动物不同,就是因为人有语言文字,可以把智识传给别人,又传至后人,再加以印刷术的发明,许多书报便印了出来。人的脑很大,与猴不同,人能造出语言,后来更进一步而有文字,又能刻木刻字。所以人最大的贡献就是过去的智识和经验，使后人可以节省许多脑力。

——《胡适演讲集》

现在学校里各种教科，如物理、化学、历史，等等，都是根据几千年来进步的智识编纂成书的，一年，两年，或者三年，教完一科。自小学、中学，而至大学毕业，这十六年中所受的教育，都是代表我们老祖宗几千年来得来的智识学问和经验，所谓进化，就是叫人节省劳力，蜜蜂虽能筑巢，能发明，但传下来就只有这一点智识，没有继续去改革改良，以应付环境，没有做格外进一步的工作。人呢，达不到目的，就再去求进步，而以前人的智识学问和经验作参考。如果每样东西，要个个人从头学起，而不去利用过去的智识，那不是太麻烦吗？所以人有了这智识的遗产，就可以自己去成家立业，就可以缩短工作，使有余力做别的事。

——《胡适演讲集》

读书不是那么容易的一件事情，不读书不能读书，要能读书才能多读书。好比戴了眼镜，小的可以放大，糊涂的可以看得清楚，远的可以变为近。读书也要戴眼镜。眼镜越好，读书的了解力也越大。王安石对曾子固说："读经而已，则不足以知经。"所以他对于本草，内经，小说，无所不读，这样对于经才可以明白一些。王安石说："致其知而后读。"

——《胡适演讲集》

读书固然可以扩充知识，但知识越扩充了，读书的能力也越大。这便是"为读书而读书"的意义。

——《胡适演讲集》

读书是为了要读书，多读书更可以读书。最大的毛病就在怕读书，怕读难书。越难读的书我们越要征服它们,把它们作为我们的奴隶或向导,我们才能够打倒难书,这才是我们的"读书乐"。若是我们有了基本的科学知识,那么,我们在读书时便能左右逢源。我再说一遍,读书的目的在于读书,要读书越多才可以读书越多。

——《胡适演讲集》

读书可以帮助解决困难,应付环境,供给思想材料。知识是思想材料的来源。思想可分作五步。思想的起源是大的疑问。吃饭拉屎不用想,但逢着三岔路口,十字街头那样的环境,就发生困难了。走东或走西,这样做或是那样做,有了困难,才有思想。第二步要把问题弄清,究竟困难在哪一点上。第三步才想到如何解决,这一步,俗话叫做出主意。但主意太多,都采用也不行,必须要挑选。但主意太少,或者竟全无主意,那就更没有办法了。第四步就是要选择一个假定的解决方法。要想到这一个方法能不能解决。若不能,那么,就换一个;若能,就行了。这好比开锁,这一个钥匙开不开,就换一个;假定是可以开的,那么,问题就解决了。第五步就是证实。凡是有条理的思想都要经过这步,或是逃不了这五个阶级。科学家要解决问题,侦探要侦探案件,多经过这五步。

——《胡适演讲集》

没有智识的人,见了问题,两眼白瞪瞪,抓耳挠腮,一个主意都不来。学问丰富的人,见着困难问题,东一个主意,西一个主意,挤上来,涌上来,请求你录用。读书是过去智识学问经验的记录,而智识学问经验就是要用在这时候,所谓养军千日,用在一朝。否则,学问一些都没有,遇到困难就要糊涂起来。例如达尔文把生物变迁现象研究了几十年,却想不出一个原则去整统他的材料。后来无意中看到马尔萨斯的人口论,说人口是按照几何学级数一倍一倍的增加,粮食是按照数学级数增加,达尔文研究了这原则,忽然触机,就把这原则应用到生物学上去,创了物竞天择的学说。

——《胡适演讲集》

读了经济学的书，可以得着一个解决生物学上的困难问题，这便是读书的功用。古人说"开卷有益"，正是此意。

——《胡适演讲集》

读书不是单为文凭功名，只因为书中可以供给学问知识，可以帮助我们解决困难，可以帮助我们思想。

——《胡适演讲集》

我有一位朋友，有一次傍着灯看小说，洋灯装有油，但是不亮，因为灯芯短了。于是他想到《伊索寓言》里有一篇故事，说是一只老鸦要喝瓶中的水，因为瓶太小，得不到水，它就衔石投瓶中，水乃上来，这位朋友是懂得化学的，于是加水于灯中，油乃碰到灯芯。这是看《伊索寓言》给他的帮助。读书好像用兵，养兵求其能用，否则即使坐拥十万二十万的大兵也没有用处，难道只好等他们"兵变"吗？

——《胡适演讲集》

读书可以供给出主意的来源。当初若是没有主意，到了逢着困难时便要手足无措，所以读书可以解决问题，就是军事、政治、财政、思想等问题，也都可以解决，这就是读书的用处。

——《胡适演讲集》

从前少年意气太盛，屡屡函请，反累妇姑、岳婿、母子之间多一层意见，岂非多事之过。实则儿如果欲儿妇读书识字，则他年闺房之中又未尝不可为执经问字之地，以伉俪而兼师友，亦未尝不是一种乐趣，何必亟亟烦劳大人，乃令媒妁之人蹀躞奔走，为儿寄语。至今思之，几欲失笑，想大人闻儿此言，亦必哑然失笑也。

——《致母亲》

家中诸侄辈现作何种事业，儿以为诸侄年幼，其最要之事乃是本国文字，国文乃人生万不可少之物，若吾家子弟并此亦不知之，则真吾家之大耻矣。

——《致母亲》

近来尚有工夫读书写字否？识字不在多，在能知字义；读书不在多，在能知书中之意而已。

——《致江东秀》

儿自离京以来，五十日未作讲义，心放了便难收回。故今日竟不能坐下读书，须安心定志休息一两日，始可如旧作事。

——《致母亲》

我以为井田论的沿革史很值得研究。从前学者的大病在于一口咬定井田是有的。学者的任务只是去寻出井田究竟是什么样子。这是最可怜的事，"日读误书"是一可怜。"日读伪书"是更可怜。"日日研究伪的假设"是最怜。

——《致胡汉民、廖仲恺》

我读易卜生（Ibsen）、莫黎（Morley）和赫胥黎诸氏的著作，教我思考诚实与发言诚实的重要。

——《我的信仰》

在学校中不读课外书以养成自己自动的读书习惯,这个人简直是自己剥夺自己终身的幸福。

——《一个最低限度的国学书目》

若问读书方法,我想向诸君上一个条陈:这方法是极陈旧极笨极麻烦的。然而实在是极必要的。什么方法呢? 是抄录或笔记。

每日所读之书,最好分两类:一类是精读的,一类是涉览的。

——《一个最低限度的国学书目》

因为我们一面要养成读书心细的习惯,一面要养成读书眼快的习惯。心不细则毫无所得,等于白读;眼不快则时候不够用,不能博搜资料。

——《一个最低限度的国学书目》

读书,并不是想真向现时所读这一本书里头现钱现货的得多少报酬,最要紧的是涵养成好读书的习惯和磨炼出善读书的脑力。青年期所读各书,不外借来做搭这两个目的的梯子。

——《一个最低限度的国学书目》

读书有两个要素:第一要精,第二要博。

——《读书》

中国书不够读,我们要另开生路,辟殖民地,这条生路,就是每一个少年人必须至少要精通一种外国文字。读外国语要读到有乐而无苦,能做到这地步,书中便有无穷乐趣。希望大家不要怕读书,起初的确要查阅字典,但假使能下一年苦功,继续不断做去,那么,在一二年中定可开辟一个乐园,还只怕求知的欲望太大,来不及读呢。

——《胡适演讲集》

四、书籍篇

书这样东西，没有人可以说是专家的，是图书馆范围非常广博，尤其更不配说专家。我家里书很多，可是乱七八糟，没有方法去整理。当我要书的时候，我写信去说：我要的书是在进门左手第三行第三格。我的书只是凭记忆所及，胡乱的放着。但是近来几次的搬家，这个进门左手第几行第几格的方法，已经不适用了。现在我的书，有的在北平，有的在上海，有的在箱子里，有的在书架上。

——《胡适演讲集》

近来我在国内国外走走，同一些中国图书馆家谈谈，每每得到一个结论，就是：学图书馆的人很多，但是懂得书的人很少。学图书馆的人，学了分类管理就够了，于是大家研究分类，你有一个新的分类法，他有一个新的分类法，其实这个东西是不很重要的，尤其是小规模的图书馆。

——《胡适演讲集》

在小图书馆里，不得已的时候，只须用两种方法来分类：一是人名，一是书名就够了。图书馆的中心问题，是要懂得书。图书馆学中的检字方法，分类方法，管理方法，比较起来是很容易的。一个星期学几个星期练习就可以毕业。但是必定要懂得书，才可以说是图书馆专家。

——《胡适演讲集》

书很少，自然没有地方逞本事。有了书也要知道它的内容。这本Pasteur 的传，应该放在什么地方？是化学家呢，还是生物学家，医学或卫生学,就彷徨无措。无论你的方法是如何周全精密,不懂得内容,是无从分类起的。图书馆学者,学了一个星期,实习了几个星期,这不过是门径。如果要把他做终身的事业,就要懂得书。懂得书,才可以买书、收书、鉴定书、分类书。众位将来去到各地服务的时候,我要提出一个警告,就是但懂得方法而不懂书是没有用的。

——《胡适演讲集》

收书是图书馆很重要的事。可是要收的,实在不少,有旧书,有新书,有外国书,有中国书。外国书自然是懂得外国文字的,才有收的方法。如果不懂得外国文字,便是讲也没有用处的,要懂书,有三个重要的办法:(一)爱书,把书当做心爱的东西,和守财奴爱钱一样。(二)读书,时时刻刻的读,继续不断的读。唯有读书才能懂书。最低的限度也要常常去看。(三)多开生路。生路多了自然会活泛。因此外国语不能不懂。一日语,二英语,三法语,四德语,五俄语,能多懂了一种,便多了一种的好处。生路开的多了,才能讲收书,无论旧的,新的,中国的,外国的,都得知道他的内容,这样,便是分类也有了办法。

——《胡适演讲集》

从前收集中国书,最容易犯两个大毛病:一是古董家的收集法,一是理学家的收集法。

——《胡适演讲集》

古董家的收集法,是专讲版本的,比方藏书,大家知道北平的藏书大家傅沅叔先生。他收书,就不收明朝嘉靖以后的书。清朝的书,虽也收一点,但只限康熙、雍正、乾隆三朝的精刻本。亦有些人更进一步非宋不收,而且只限于北宋;他们以为北宋版是初刻本,当然更好。不论是那一种书,只要是宋版,便要收藏。因此这一类书,价钱就很贵。譬如《资治通鉴》，是一部极平常的史书，什么地方都可以买，好古的收藏家，如果遇见宋刻的《资治通鉴》，都千方百计的要弄到它，就是花三千五千一万两万而得到一部不完整的本子，也是愿意的。

——《胡适演讲集》

现在刚刻出来的一本《宋刑统》这一部书，包括宋朝一代的政治法令，本来没有人注意到。大理院刻了这部书，在历史上很占重要的地位，可是古董式的收藏家，他不肯花数十块钱去买一部《宋刑统》却肯花三千五千一万两万买不完整的宋刻《资治通鉴》。拿这种态度收书，有许多毛病：太奢侈，用极贵的价钱收极平常的书，太不合算，诸位将来都是到各地去办小规模的图书馆的，这种图书馆当然没有钱做这样的事情。

——《胡适演讲集》

理学家的收集法，是完全用理学家的眼光来收书的。这一种收集法比古董家还不好。古董家的眼光，如果这本书是古的他就收去，比方《四部丛刊》中的太平乐府是刻得很坏的，这里面的东西，都是元朝堂子里的姑娘所唱的小曲子，经杨朝云编在一处，才保存到现在。如果撞在道学家手里，早不知到什么地方去了，古董家因为看见他难得，所以把他收进去，使我们晓得元朝的小曲子，是一种什么样子的东西。

——《胡适演讲集》

董康先生翻刻的《五代史平话》，原是极破烂的一本书，但是因为古的关系，居然有人把他刻出来保全了这个书，这是第一种比第二种好的地方。还有一种好处，就是古董家虽然不懂这破烂的书，可是放着也好，要是用道学家的眼光收书，有很大的毛病。

——《胡适演讲集》

《四库全书》是一个很大的收集（collection）。但是清乾隆皇帝所颁的上谕和提要中，口口声声说是要搜集有关世道人心的书。这我们查书的几篇上谕，就可以知道。所以他小曲子不要，小学不要。他所收的，都是他认为与世道人心无妨碍的。拿这个标准收书，就去掉了不少不少有用的书。

——《胡适演讲集》

《四库全书》是大半根据《永乐大典》集出来的。《永乐大典》的收集法，乱七八糟，什么书都收在里面。戏也有，词曲也有，小学也有，他的收法，是按韵排列的。譬如这部戏曲是微韵，就收入微韵里。可是到了清朝，那些学者的大臣，学者的皇帝，带上了道学家的幌子，把《永乐大典》中保存的许多有用的书，都丢掉了。自此用道学的眼光收书，门类未免太狭。

——《胡适演讲集》

《四库全书》中有许多书不予收入，而且另外刊入禁书目录，有些明朝末叶的书，有诋毁清朝的，都在销毁之列。因此用道学家的眼光收书，是很不对的。

——《胡适演讲集》

不论什么东西，如果是书，就一律都要。这个办法，并不是杜撰的，上次顾颉刚先生代表广州中山大学，拿了几万块钱出来收书，就是这样办法。人家笑话他，他还刊了一本小册说明他的方法。这书，顾先生也许看见过。他到杭州、上海、苏州等处，到了一处，就通知旧书铺，叫他把所有的书，统统开个单子，就尽量的收下来。什么三字经，千字文，医书，和从前的朱卷都要。秀才的八股卷子也要，账簿也要，老太太写的不通的信稿子也要，小热昏，滩簧，算命书，看相书，甚至人家的押契，女儿的礼单和丧事人家账房先生所开的单子和杠夫多少，旗伞多少，如何排场等的东西都要。摊头上印的很恶劣的唱本，画册，一应都收了来。人家以为宝贝的书，他却不收。他怕人家不了解，印了一个册子去说明，可是人家总当他是外行，是大傻子，被人笑煞。

——《胡适演讲集》

　　不懂得书，要去选择，是多么麻烦的事。照这样子的收书，不管他阿猫阿狗，有价值，没有价值，一概都要。如果用主观来去取书，选择书，还是免不掉用新的道学家的眼光，来替代老的道学家的眼光。是最不妥当的事。

　　几百万最高的阶级——所谓第一类人材的智识阶级，把他全部的精神，都放在里面，我们想想，这与五百年来学者极有关系的东西，是不是历史上最重要的材料；而且这个东西，再过十年八年，也许要没有了。现在费很少的钱，把他收了，将来价格一贵，就可不收。

——《胡适演讲集》

　　有人问我，你不赞成古董家的收书法，又不赞成道学家的收书法，那么这个杂货店的收书法，原则是什么呢？当然杂货店不能称是原则，他的原则是用历史家的眼光来收书。

——《胡适演讲集》

　　我们可以说："一切的书籍，都是历史的材料。"中国书向来分为经史子集四类，经不过是总集而已。章学诚已认他是史。史当然是历史。所谓集，是个人思想的集体，究其实，也渊源于史，所以是一种史料。子和集，性质相同，譬如《庄子》、《墨子》，就是庄子、墨子的文集，亦是史料。所以大概研究哲学史，就到子书里去找。这样看来，一切的书，的确是历史的材料。

——《胡适演讲集》

从前有某图书馆征求民国以前的《三字经》刻本，都没有征求到，可知道这种东西到了没有的时候，是极可贵的。我小时候读书，把南京李广明记的很熟，因为所读的《三字经》、《千字文》《百家姓》和《学而》——《论语》首章等，都是从李广明来的。

——《胡适演讲集》

　　如《醒世姻缘》小说，不但可以做当时家庭生活的材料，还可知道从前小孩子怎样上学堂，如何开笔做八股文，都是应该知道的事；要有种种材料给我们参考，我们才能了然于胸中。

——《胡适演讲集》

　　材料不在乎好坏，只要肯收集，总是有用处的。比方甘肃敦煌石室里的破烂东西，都是零落不全的，现在大家都当他宝贝，用照相版珂罗版印了几页，要卖八元，九元，二十元的价钱。我们到北京去，也得看见一点敦煌石室中的东西。敦煌石室中的东西，是甘肃敦煌县东南的一个石窟（叫做莫高窟）里所藏的书。敦煌那个地方有一个千佛洞，在佛教最盛的时候，有二三百座庙，石室里都是壁画，大概是唐人的手笔，亦有六朝晋朝时候的壁画。因为北方天气干燥，所以都没有坏。有一个庙是专门藏书用的。当初没有刻本，只有写本。有的是蝇头细楷，有的是草字，差不多式式都有。

——《胡适演讲集》

　　当《申报》五十年纪念的时候，他们出一部纪念册，可是《申报》馆竟没有一份全份的《申报》。于是登报征求。结果全中国只有一个人有这么一份，《申报》馆愿意出很多的钱去收买，结果是二万块钱买了来。照我这样，觉得二十万块钱都值得，以中国之大，或者说是以世界之大，而只有一份不缺之《申报》，你想是多么可贵呢，所以现在看为极平常而可以随手弃掉的东西，你如果有一个思想，觉得他是二十年后二千年后的重要史料,设法保存起来,这些东西,就弥觉可珍了。

——《胡适演讲集》

我们收集图书,必须有这种历史的眼光,个人的眼光有限,所有的意见,也许是错误的,人家看为有价值的,我以为无价值;人家看为无价值的,我以为有价值,这种事情很多。我们收书,不能不顾到。所以一要认定我们个人的眼光和意见是有限的,有错误的。二要知道今天看为平常容易得的东西,明天就没有,后天也许成了古董,假如我们能存这个观念,拿历史的眼光来收书,就是要每天看后的报纸,也都觉得可贵的。

——《胡适演讲集》

从前的学者把(诗经)看作"美""刺"的圣书,越讲越不通。现在的人应该多预备几副好眼镜,人类学的眼镜,考古学的眼镜,文法学的眼镜,文学的眼镜。眼镜越多越好,越精越好。

——《胡适演讲集》

我不是藏书家,只不过是一个爱读书,能够用书的书生,自己买书的时候,总是先买工具书,然后才买本行书,换一行时,就得另外买一种书。

——《找书的快乐》

十一年前我离开北平时,已经有一百箱的书,大约有一、二万册。离开北平以前的几小时,我曾经暗想着:我不是藏书家,但却是用书家。收集了这么多的书,舍弃了太可惜,带吧,因为坐飞机又带不了。结果只带了一些笔记,并且在那一、二万册书中,挑选了一部书,作为对一、二万册书的纪念,这一部书就是残本的《红楼梦》。

——《找书的快乐》

所谓有计划的找书，便是用"大胆的假设，小心的求证"方法去找书。现在再拿我找神会和尚的事做例子，这是我有计划的找书：神会和尚是唐代禅宗七祖大师，我从《宋高僧传》的慧能和神会传里发现神会和尚的重要，当时便作了个大胆的假设，猜想有关神会和尚的资料只有在日本和敦煌两地可以发现。因为唐朝时，日本派人来中国留学的很多，一定带回去不少史料，经过"小心的求证"，后来果然在日本找到宗密的《圆觉大疏抄》和《禅源诸诠集》，另外又在巴黎的国家图书馆及伦敦的大英博物馆发现数卷神会和尚的资料。

——《找书的快乐》

五、求学篇

比年以来，穷年所得，无论儿不敢妄费一钱，终不能上奉甘旨，下蓄妻孥，而日复一日年复一年岁不我与，儿亦纍纍老矣。既不能努力学问，又不能顾瞻身家，此真所谓"肚皮跌筋斗，两头皆落空"者是也。且吾家家声衰微极矣，振兴之责惟在儿辈，而现在时势，科举既停，上进之阶惟有出洋留学一途。且此次如果被取，则一切费用皆有国家出之。闻官费甚宽，每年可节省两三百金，则出洋一事于学问既有益，于家用又可无忧，岂非一举两得乎？

——《致母亲》

欧美学校谓卒业之日为 Commencement Day，译言肇始之日也。细寻绎其义，深可玩味，盖学问无穷，人生有限，终无毕业之期，此校卒业之日，即他种事业肇始之时。卒业之学生或另入他种更高等之学校，或辍学执业谋生养家，其实皆新事业肇始之时也。故不名之曰卒曰毕，而名之曰肇始，此其义深可思也。今弟卒业在即。卒业之后倘能再习高等学问固属佳事，或作教师，或谋公益，亦何尝不可贺乎？吊云乎哉！天下学问不必即在校舍讲堂之中，不必即在书中纸上，凡社会交际，观人论世，教人授学，治一乡一国，皆是学问也。社会乃吾人之讲坛，人类皆吾人之导师，国家即吾人之实验室也。果能持己以诚，卑以接物，虚怀而受，放眼以观，则何适而非问学，何适而非学校乎？

——《致章希吕》

适去家十载，半生作客他乡，归期一再延展，遂至今日，吾二人之婚期,亦因此延误,殊负贤姐。惟是学问之道,无有涯涘。适数年之功,才得门径。尚未敢自信为已升堂入室,故不敢中道而止。且万里游学,官费之机会殊不易得,尤不敢坐失此好机会。凡此种种不能即归之原因,尚乞贤姐及岳母曲为原谅,则远人受赐多矣。

——《致江东秀》

春间辟畺因留学的事来见我,我觉得他少年有志,冒险远来,胆识都不愧为名父之女,故很敬重他。他临行时,我给他几封介绍信,都很带有期望他的意思。后来忽然听见他和潘力山君结婚之事,我心里着实失望。我所以失望,倒并不是因为他们的恋爱关系——那另是一个问题,——我最失望的是辟畺一腔志气不曾做到分毫,便自己甘心做一个人的妻子;将来家庭的担负,儿女的牵挂,都可以葬送他的前途。后来任叔永回国,告诉我他过卜克利见辟畺时的情形,果然辟畺躬自操作持家,努力作主妇了。此事使我心里不能不怨潘君。潘君爱辟畺,亦是人情之常,本不可怪。但他果真爱辟畺,当设法使他先达到求学的志愿,使他充分发展他的天才,不当中道拦截他的进程。我曾与叔永言,我终不愿意不管此事,我若有机会,我总要设法使辟畺继续求学。此虽是一时私愿,确是很诚恳的,但此时尚无法下手耳。

——《致吴虞》

你问的问题都是很大的,我无法回答。如"人格的修养"岂是一封短信所能解答的?如"学术的选择"也不是别人所能代答,大要需以"性之所近而力之所能勉者"(章实斋语)为选择的标准。但"性之所近"也不易发现,当先充分发展各种兴趣,如向不习科学者,当多学科学,然后可知究竟性情是否近于科学。"力之所能勉",也不是指眼前的能力,当充分培养自己的能力;今日所不能,明年也许能够做了。故人在青年时代,当尽力做"增加求学的能力"和"发展向来不曾发现的兴趣"两项工作。能力增加了，兴趣博大浓厚了，再加上良好习惯的养成，这便是人格的养成，不仅仅是知识上的进境而已。你信上似乎轻视英文的功课，这是错的，我劝你借这机会努力学一种外国文，要学到看书作文全有乐无苦的境界。这便是打开一条求知识学问的生路。故纸堆里翻筋斗，乃是死路，不是少年人应该走的。

——《致夏蕴兰》

清华今年取了的转学之中，有一个吴春晗，是中国公学转来的，他是一个很有成绩的学生，中国旧文史的根底很好。他有几种研究，都很可观，今年他在燕大图书馆做工，自己编成《胡应麟年谱》一部，功力判断都不弱。此人家境甚贫，本想半工半读，但他在清华无熟人，恐难急切得工作的机会。所以我写这信恳求两兄特别留意此人，给他一个工读的机会，他若没有工作的机会，就不能入学了。我劝他决定入学，并许他代求两兄帮忙。此事倘蒙两兄大力相助，我真感激不尽。

——《致翁文灏、张子高》

既要求学。必须要埋头先学那求学的工具，就是语言文字。必须要把语言文字学到十分纯熟的地步。

其次，既来求学，须知学不完全靠课堂课本。一切家庭，习惯，社会，风俗，政治，组织，人情，人物，都是实实在在可以供我们学的。若在庆应，就应该研究庆应六十年的历史，并应该研究创办人的人格。若在早稻田，就应该研究大隈的传记。

最要紧的是不要存轻视日本文化之心理。日本人是我们最应该研究的。他们有许多特别长处，为世界各民族所没有的：第一是爱洁净，遍于上下各阶级；第二是爱美，遍于上下各阶级；第二是轻死，肯为一个女人死，也肯为一个主义死；第四是肯低头学人的好处，肯拼命模仿人家。

能如此存心，你在日本留学一定可以得益处。

——《致陈英斌》

此次在海外见着你，知道抱着很大的求学决心，我很高兴。昨夜我们乱谈的话，其中实有经验之谈，值得留意，凡治学问，功力之外，还需要天才。龟兔之喻，是勉励中人以下之语，也是警惕天才之语，有兔子的天才，加上乌龟的功力，定可无敌于一世，仅有功力，可无大过，而未必有大成功。

你是很聪明的人，千万珍重自爱，将来成就未可限量。这还不是我要对你说的话。我要对你说的是希望你能利用你的海外住留期间，多留意此邦文物，多读文史的书，多读其他科学，使胸襟阔大，使见解高明。我不是要引诱你"改行"回到文史路上来；我是要你做一个博学的人。前几天，我在 Pasadena 见着 Dr. Robert A.（原误作 M.）Milhkan。他带我去参观各种研究室，他在 Genetics 研究室中指示室中各种工作，也"如数家珍"，使我心里赞叹。凡第一流的科学家，都是极渊博的人，取精而用弘，由博而反约，故能有大成功。

国内科学界的几个老的领袖，如丁在君、翁咏霓，都是博览的人，故他们的领袖地位不限于地质学一门。后起的科学家都往往不能有此渊博，恐只能守成规，而不能创业拓地。

——《致吴健雄》

意气消沉与执劳任役驱使我们走入了种种的流浪放荡。有一个雨夜，我喝酒喝得醺醺大醉，在街上与巡捕角斗，把我自己弄进监里去关了一夜。到我次晨回寓，在镜中看出我脸上的血痕，就记起李白饮酒歌中的这一句："天生我材必有用。"(Some use might yet be made of this material born in me.)我决心脱离教书和我的这班朋友。下了一个月的苦工夫，我就前往北京投考用美国退还庚子赔款所设的学额。我考试及格，即于七月间放洋赴美。

——《我的信仰》

老实说，我们不须怕模仿。"学之为言效也"，这是朱子的老话。学画的，学琴的，都要跟别人学起；学的纯熟了，个性才会出来。天才才会出来。

——《请大家来照照镜子》

诸位毕业同学：你们现在要离开母校了，我没有什么礼物送给你们，只好送你们一句话罢。

这一句话是："不要抛弃学问。"以前的功课也许有一大部分是为了这张毕业文凭，不得已而做的，从今以后，你们可以依自己的心愿去自由研究了。趁现在年富力强的时候，努力做一种专门学问。少年是一去不复返的，等到精力衰时，要做学问也来不及了。即为吃饭计，学问决不会辜负人的。吃饭而不求学问，三年五年之后，你们都要被后进少年淘汰掉的。到那时再想做点学问来补救，恐怕已太晚了。

——《中国公学十八年级毕业赠言》

我个人的意见是奉劝大家，当衣服，卖田地，至少要置备一点好的工具。比如买一本韦氏大字典，胜于请几个先生。这种先生终生跟着你，终生享受不尽。

——《读书》

专工一技一艺的人，只知一样，除此之外，一无所知。这一类的人，影响于社会很少。好有一比，一根旗杆，只是一根孤拐，孤单可怜。

又有些人广泛博览，而一无所专长，虽可以到处受一班贱人的欢迎，其实也是一种废物。这一类人，也好有一比，比一张很大的薄纸，禁不起风吹雨打。

在社会上，这两种人都是没有什么大影响，为个人计，也很少乐趣。

理想中的学者，既能博大，又能精深。精深的方面，是他的专门学问。博大的方面,是他的旁搜博览。博大要几乎无所不知,精深要几乎惟他独尊,无人能及。他用他的专门学问做中心,次及于直接相关的各种学问,次及于不很不关的各种学问,以及毫不相关的各种泛览。这样的学者,也有一比,比埃及的金字塔。那金字塔高四百八十英尺,底边各边长七百六十英尺。塔的最高度代表最精深的专门学问;从此点依次递减,代表那旁收博览的各种相关或不相关的学问,塔底的面积代表博大的范围,精深的造诣,博大的同情心。这样的人,对社会是极有用的人才,对自己也能充分享受人生的趣味。

——《读书》

　　记性好的并不是天分高,只可以说,记性好可以帮助天分高的人。记性好,知道什么材料在什么书里,容易帮助你去找材料。做学问不能全靠记性的;光凭记性,通人会把记得改成通顺的句子,或者多几个字,或少几个字,或者变更了几个字,但都通顺可诵。这是通人记性的靠不住。引用别人的句子,一定要查过原书才可靠。

——《胡适之先生晚年谈话录》

　　大学生选择学科就是选择职业。……家里的爸爸、妈妈、哥哥、朋友等,要你做律师、做医生,你也不要管他们,不要听他们的话,只要跟着自己的兴趣走。……依着"性之所近,力之所能"学下去,其未来对国家的贡献也许比现在盲目所选的或被动选择的学科会大得多。将来前进也是无可限量的。……

——《大学的生活》

六、治学篇

凡是做学问、做研究,真正的动机都是求某种问题某种困难的解决;所以动机是困难,而目的是解决困难。这并不是我一个人的说法,凡是有做学问做研究经验的人,都承认这个说法。真正说起来,做学问就是研究;研究就是求得问题的解决。所有的学问,做研究的动机是一样的,目标是一样的,所以方法也是一样的。不但是现在如此;我们研究西方的科学思想,科学发展的历史,再看看中国二千五百年来凡是合于科学方法的种种思想家的历史,知道古今中外凡是在做学问做研究上有成绩的人,他的方法都是一样的。古今中外治学的方法是一样的。为什么是一样呢?就是因为做学问做研究的动机和目标是一样的。从一个动机到一个目标,从发现困难到解决困难,当中有一个过程,就是所谓方法。从发现困难那一天起,到解决困难为止,当中这一个过程,可能很长,也可能很短。有的时候要几十年,几百年才能够解决一个问题;有的时候只要一个钟头就可以解决一个问题。这个过程就是方法。

——《胡适演讲集》

无论是化学、地质学、生物学、社会科学上的一个问题,都是一个困难。当困难出来的时候,本于个人的知识、学问,就不知不觉地提出假设,假定有某几种可以解决的方案。

——《胡适演讲集》

凡是做学问,不特是文史方面的,都应当这样。譬如在化学实验室做定性分析,先是给你一盒东西,对于这盒东西你先要做几个假设,假设某种颜色的东西是什么,然后再到火上烧烧看看,试验管发生了什么变化:这都是问题。这与《红楼梦》的解释一样的有问题;做学问的方法是一样的。我们的经验,我们的学问,是给我们一点知识以供我们提出各种假设的。所以"大胆的假设"就是人人可以提出的假设。因为人人的学问,人人的知识不同,我们当然要容许他们提出各种各样的假设。一切知识,一切学问是干什么要容许他们提出各种各样的假设。一切知识,一切学问是干什么用的呢?为什么你们在学校的这几年中有许多必修与选修的学科?都是给你们用;就是使你在某种问题发生的时候,脑背后就这边涌上一个假设,那边涌上一个假设。做学问、上课,一切求知识的事情,一切经验——从小到现在的经验,所有学校里的功课与课外的学问,为的都是供给你种种假设的来源,使你在问题发生时有假设的材料。如果遇上一个问题,手足无措,那就是学问、知识、经验不能应用,所以看到一个问题发生,就没有法子解决。这就是学问、知识里面不能够供给你一些活的材料,以为你做解决问题的假设之用。

——《胡适演讲集》

单是假设是不够的,因为假设可以有许多。譬如《红楼梦》这一部小说,就引起了这么多假设。所以第二步就是我所谓"小心的求证"。在真正求证之先,假设一定要仔细选择选择。这许多假设,就是假定的解决方法,看那一个假定的解决方法是比较近情理一点,比较可以帮助我们解决开始发生的那个困难问题。譬如《红楼梦》是讲的什么?有什么意思没有?有这么多的假定的解释来了,在挑选的时候先要看那一个假定的解释比较能帮助你解决问题,然后说:对于这一个问题,我认为我的假设是比较能够满意解决的。

——《胡适演讲集》

今天我讲治学方法第二讲:方法的自觉。单说方法是不够的;文史科学和社会科学的错误,往往由于方法的不自觉。方法的自觉,就是方法的批评;自己批评自己,自己检讨自己,发现自己的错误,纠正自己的错误。做科学实验室工作的人,比较没有危险,因为他随时随地都有实验的结果可以纠正自己的错误。他假设在某种条件之下应该产生某种结果;如果某种条件具备而不产生某种结果,这就是假设的错误。他便毫不犹豫的检讨错误在什么地方,重新修正。所以他可以随时随地的检讨自己,批评自己,修正自己,这就是自觉。

——《胡适演讲集》

在文史方面和社会科学方面的研究,还没有能够做到这样严格。我们以美国今年的大选同四年前的大选来做说明。1948 年美国大选有许多民意测验研究所,单是波士顿一个地方就有七个民意测验研究所。他们用社会科学家认为最科学的方法来测验民意。他们说:杜鲁门一定失败,杜威一定成功。到了选举的时候,杜鲁门拿到总投票百分之五十点四,获得了胜利。被社会科学家认为最科学、最精密的测验方法,竟告不灵;弄得民意测验研究所的人,大家面红耳赤,简直不敢见人,几乎把方法的基础都毁掉了。

——《胡适演讲集》

科学方法是怎么得来的呢? 一个人有好的天资、好的家庭、好的学校、好的先生,在极好的环境当中,就可以养成了某种好的治学的习惯,也可以说是养成了好的做人的习惯。

——《胡适演讲集》

宋人笔记中记一个少年的进士问同乡老前辈:"做官有什么秘诀?"那个老前辈是个参政(副宰相),约略等于现在行政院的副院长,回答道:"做官要勤、谨、和、缓。"后人称为"做官四字诀"。我在小孩子的时候,就听到这个故事；当时没有注意。从前我们讲治学方法，讲归纳法、演绎法；后来年纪老一点了，才晓得做学问有成绩没有，并不在于读了"逻辑学"没有，而在于有没有养成"勤、谨、和、缓"的良好习惯。这四个字不但是做官的秘诀，也是良好的治学习惯。

——《胡适演讲集》

勤，就是不偷懒，不走捷径，要切切实实，辛辛苦苦的去作。要用眼睛的用眼睛，用手的用手，用脚的用脚。先生叫你找材料，你就到应该到的地方去找。叫你找标本，你就到田野，到树林里去找，无论在实验室里，自然界里，都不要偷懒，一点一滴的去作。

谨，就是谨慎，不粗心，不苟且。以江浙的俗话来说，不拆烂污。写字，一点、一横都不放过。写外国字，i 的一点，t 的一横，也一样的不放过。作数学，一个圈，一个小数点都不可苟且。不要以为这是小事情，作事关系天下的大事，作学问关系成败，所以细心谨慎，是必须要养成的习惯。

和，就是不要发脾气，不要武断。要虚心，要和和平平。什么叫做虚心？脑筋不存成见，不以成见来观察事，不以成见来对待人。就作学问来说：要以心平气和的态度来作化学、数学、历史、地理，并以心平气和的态度来学语文。无论对事、对人、对物、对问题、对真理，完全是虚心的，这叫做和。

缓，这个字很重要，缓的意思不要忙，不轻易下一个结论。如果没有缓的习惯，前面三个字都不容易做到。譬如找证据，这是很难的工作，如果要几点钟缴卷，就不能作到勤的工夫。忙于完成，证据不够，不管它了，这样就不能做到谨的工夫。匆匆忙忙的去作，当然不能做到和的工夫。所以证据不够，应该悬而不断，就是姑且挂在那里，悬而不断，并不是叫你搁下来不管，是要你勤，要你谨，要你和。缓，就是南方人说的"凉凉去吧"，缓的意思，是要等着找到了充分的证据，然后根据事实来下判断。无论作学问、作事、作官、作议员，都是一样的。

——《中学生的修养与择业》

不论团体研究也好，个人研究也好，做研究要得到好的成绩，不外上面所说的三个条件：一、直接的研究材料；二、能够随时随地扩张材料；三、能够扩充研究时所用的工具。这是从事研究学问而具有成绩的人所通有的经验。

——《胡适演讲集》

历史学家、考古学家、古生物学家、地质学家以及天文学家所用的研究方法，就是这种观察推断的方法，地质学和古生物学都是"历史的科学"，同样根据一些事实来推断造成这些事实的原因。

——《胡适演讲集》

正因为历史科学上的证据绝大部分是不能再造出来做实验的，所以我们做这几门学问的人，全靠用最勤劳的工夫去搜求材料，用最精细的工夫去研究材料，用最谨严的方法去批评审查材料。

——《胡适演讲集》

历史科学的方法不过是人类常识的方法，加上更严格的训练，加上更谨严的纪律而已。

——《胡适演讲集》

三百年以前，培根说了句很聪明的话，他说，世上治学的人可分为三种，那就是，第一蜘蛛式的，亦是靠自己肚子里分泌出丝来，把网作得很美很漂亮。也很有经纬，下点雨的时候，网上挂着雨丝，从侧面看过去，那种斜光也是很美。但是虽然好，那点学问却只是从他自己的肚子造出来的。第二种是蚂蚁式的，只知道集聚，这里有一颗米，把上三三两两的抬了去，死了一个苍蝇，也把他抬了去，在地洞里堆起很多东西，能消化不能消化却不管，有用没有用也是不管，这是勤力而理解不足。第三种是蜜蜂式的，这种最高，蜜蜂采了花去，更加上一度制造，取其精华而去其糟粕，是经过改造制造出新的成绩的。孔子说过，学而不思则罔，思而不学则殆。蜜蜂的方法，是又学又思，是理想的作学方法。

——《胡适演讲集》

　　治学最重要的工具就是自己的能力，基本能力，本国的语言文字，我们可以得到本国所有的东西，外国的语言文字，我们可以从中得到外国的智识，得到过去所集聚下来的东西，完全要靠这一方面。其他就是基本智识，从中学到大学，给了我们的都是这东西，这是一把总的钥匙，尽管我们不熟练于证一个几何三角，尽管我们不能知道物理化学各个细则，但是我们要在必需要应用到的时候能够拿来用，能够对这些有理解。再其次就是设备，无论是卖田卖地卖首饰，我们总要把最基本的设备齐全，一些应用的辞典，表册，目录，是必需的，同时，治学的人差不多是穷士居多，很多的书不能都买全，所以就要知道我们周围的，代替我们设备的有些什么，比如北平的图书馆，那里边有些什么书能够被我所应用，比方说，协和医校制各些什么专门的书籍，以及某家藏有某种不轻易得到的秘典，某处有着某种我所需要的设备，这些这些，我们都要看清楚。

——《胡适演讲集》

　　治学，第一步，我们所需要的是工具，种田要种田的工具，作工要作工的工具，打仗要有武器，也是工具。先要把工具弄好，才能开步走。

　　第二步就是习惯的养成，这可以分四点来讲，第一是不要懒，无论是作工也好，种田也好，都不要懒，懒是最要不得的，学问更其如此，多用眼，不要拿人家的眼当自己的眼，多用手，耳，甚至多用自己的脚，在需要的时候，就要自己去跑一趟，必须要用自己的眼看过，自己的耳听过，自己的手摸过，甚至自己的脚走到过，这样才能称是自己的东西，才真是自己得来的。

——《胡适演讲集》

古人说，开卷有益，古人留下来的一些现成东西我们为什么不去求？不仅是自己本行内的智识要去求，即是不与本行相反的也要去求，王荆公说："致其知而后识"，所以要博。墨子老子的书，从前有些不能懂，到了嘉庆年间算学的传入知道里边也有算学，随后光学力学传入，再以后逻辑学经济学传入，才知道墨子里边也有光学，也有力学，以及逻辑学经济学，越是知道得多，了解一个事物一个问题越深，头脑简单的人，拿起一个问题很好解决，比方说社会不好，那干脆来个革命，容易得很，等到知道得多一点，他解决的方法也就来得精密。

——《胡适演讲集》

我们知道，各种学问，都有他治学的方法，比如天文，地理，医学，社会科学，各有各的治学方法，而我居然说"治学方法"，包括得如此其广，要讲起来那就是发疯，夸大狂，但是学问的种类虽是如此其多，贯于其中的一个"基本方法"，却是普遍的，这个"基本方法"，也可以说是，或者毋宁说是方法的习惯，是共同的，是普遍的，历史上无数在天文学上，在哲学上，在社会科学上，凡是有大成就的，都是因为有方法的习惯。

——《胡适演讲集》

一个人有天才，自然能够使他的事业得到成功，然而有天才的人，却很少很少，天才不够的人，如果能用功，有方法的训练，虽然不敢说能够赶得上天才一样的成就大，而代替天才一部分，却是可以说的，至于那些各种科学上的大伟人，那差不多天才与功力并相相辅，是千万人中之一人。

——《胡适演讲集》

书本子的路，我现在觉得是走不通了，那只能给少数的人，作文学，作历史用的，我们现在所缺的，是动手，报纸上宣传着学校里要取消文科法科，那不过是纸上谈兵，事实上办不到，如果能够办到，我是非常赞成，我们宁可能够打钉打铁，目不识丁，不要紧，只是在书堆里钻，在纸堆里钻，就只能作作像。

——《胡适演讲集》

我这一篇大胆的狂论是三天里做成的，定多不妥的地方。但是我所以敢这样狂妄，并不是因为古人聪明不如我们，只因为古人蔽于旧说成见，不肯用自己的心思才力去研究。我们现在的历史眼光变了，学问的方法也变了，故可以大胆做一点独立的研究。这个问题，前人写了一屋子的书，我们这种百忙中人的大胆研究如何能保没有错误？但是我这种怀疑的挑战也许可以引起一些学者的继续研究。这就是我的诚恳希望了。

——《致胡汉民、廖仲恺》

来书谓"自问脑海尚不耐过剧之运动"，此言非。脑力愈用则愈出，不用则钝废。如钟表中机械，不用则锈蚀之矣。曾文正（曾国藩）曰"精神愈用则愈出"，此言是也。惟须用之有节制耳。

——《致胡近仁》

蒋先生期望你治明史，这是一个最好的劝告。秦、汉时代材料太少，不是初学所能整理，可让成熟的学者去工作，材料少则有许多地方须用大胆的假设，而证实甚难。非有丰富的经验，最精密的方法，不能有功。

晚代历史，材料较多，初看去似甚难，其实较易整理，因为处处脚踏实地，但肯勤劳，自然有功。凡立一说，进一解，皆容易证实，最可以训练方法。

——《致吴春晗》

我个人在学术上负的旧债太多，哲学史与文学史皆有头无尾，而两鬓已斑白了。所幸近年研究兴趣尚甚浓，深想趁此精力未衰、见解稍成熟之时，在一二年中将十余年来积下的材料整理成书。一犬不能同时逐两兔，又积习已深，近年稍任学校行政，每苦毫不感觉兴趣，只有夜深人静伏案治学之时，始感觉人生最愉快的境界。以此种厌恶行政的心理，即使我勉强入政府，也不过添一个身在魏阙而心存江湖的废物，于政事无补，而于学问大有损失，先生素爱我，定能谅解此情。

——《致汪精卫》

你常作文字，固是好训练，但文字不可轮作，太轻易了就流为"滑"，流为"苟且"。

我近年教人，只有一句话："有几分证据，说几分话。"有一分证据，只可说一分话。有三分证据，然后可说三分话。治史者可以作大胆的假设，然而决不可作无证据的概论也。

——《致罗尔纲》

我劝你挑选此项金石补订笔记之最工者，陆续送给《国学季刊》发表，用真姓名。此项文字可以给你一个学术的地位，故应用真姓名。又你的职务，在北大是整理此项拓本，故也应用真姓名。

我劝你以后应该减轻编辑《史学》的职务。一个人编两个学术的周刊，是很辛苦的。

《洪大泉考》我很爱读，因不曾带到医院中来，故今日不能评论此文。

出医院后,当再写信。

《研究清代军制计划》,我是外行,恐不配批评。但我读你的计划,微嫌它条理太好,系统太分明。此系统的中心是"湘军以前,兵为国有;湘军以后,兵为将有"。凡治史学,一切太整齐的系统,都是形迹可疑的,因为人事从来不会如此容易被装进一个太整齐的系统里去。前函所论"西汉重利,东汉重名;唐人务利,宋人务名"等等,与此同例。

——《致罗尔纲》

研究制度的目的是要知道那个制度,究竟是个什么样子;平时如何组成,用时如何行使;其上承袭什么,其中含有何种新的成分,其后发生什么。如此才是制度史。

——《致罗尔纲》

凡论一人,总须持平。爱而知其恶,恶而知其美,方是持平。鲁迅自有他的长处,如他的早年文学作品,如他的小说史研究,皆是上等工作。通伯先生当日误信一个小人张凤举之言,说鲁迅之小说史是抄袭盐谷温的,就使鲁迅终身不忘此仇恨;现今盐谷温的文学史已由孙俍工译出了,其书是未见我和鲁迅之小说研究以前的作品,其考据部分浅陋可笑。说鲁迅抄盐谷温,真是万分的冤枉。盐谷一案,我们应该为鲁迅洗刷明白。最好是由通伯先生写一篇短文,此是"gentleman(绅士)的臭架子",值得摆的。

——《致苏雪林》

人生最不易得的是闲暇,更不易得的是患难,——今诸兄兼有此两难,此真千载一时,不可不充分利用,用作学术上的埋头闭户著作。弟常与诸兄说及,羡慕陈仲子匍匐食残李时多暇可以著述(陈仲子即独秀):及其脱离苦厄,反不能安心著作,深以为不如前者苦中之乐也。

——《致郑天挺》

这种学术合作事业，最重要的条件还不在金钱，而在领袖者能与人合作，使人人能尽其所长，使人人各自负责任，即是人人各自负其功过。

——《致王重民》

学术的工作有"为人"与"为己"两方面，此人所共知。其实这个区别甚不可靠。凡学术的训练方面皆是"为己"；至于把自己的心得公开告人，才可以说是"为人"，今人以为做索引，编辞典，计算长历，校勘文字，编纂统计或图表，……是"为人"的学问（如陈援庵先生常说他的工作是"为人"的工作）。这是错的。此种工作皆是训练自己的作工本事，皆是"为己"的工夫。王荆公有《杨墨》一篇说的最好：

为人，学者之末也。是以学者之事必先为己。其为己有余，而天下之势可以为人矣，则不可以不为人。故学者之学也，始不在于为人，而卒所以能为人也。

你信上说的"铢积寸累，由少成多，即是本分以内之成功"，即是我说的"为己"之学，是做学问的根本途径。这是治学的最可乐的部分。正因为此皆是训练自己，故事事求精，求完善，苛求无厌，终不自觉满意。等到你自己认为勉强满意了，把结果公开于世，使世人同享受我自己辛苦得来的一点成绩，使人人因我的辛苦而减少他们的辛苦，这就是"为人"。并不须"著为论说，以期有影响于当世"，才是"为人"。吾兄正不必太谦，更不可菲薄"铢积寸累"的"为己"功夫。

——《致王重民》

《三朝名臣言行录》（卷十二，页三〇五）记刘安世自述初登第时与两个同年去谒李若谷参政。三人同请教，李曰："若谷自守官以来，尝持四宁，曰'勤，谨，和，缓'。"我十年前曾借用此四字来讲治学方法。勤即是来书说的"眼勤手勤"，此是治学成败第一关头。凡能勤的，无论识小识大，都可有所成就。谨即是不苟且，一点一笔不放过，一丝一毫不潦草。

举一例，立一证，下一结论，都不苟且，即谨，即是慎。"和"字，我讲作心平气和，即是"武断"的反面，亦即是"盛气凌人"的反面，进一步看，即是虚心体察，平心考查一切不中吾意的主张，一切反对我或不利于我的事实和证据。抛弃成见，服从证据，舍己从人，和之至也。刘安世原文说，"其间一后生应声曰：'勤谨和，既闻命矣。缓之一字，某所未闻！'"我说，"缓"字在治学方法上十分重要。其意义只是从容研究，莫匆遽下结论。凡证据不充分时，姑且凉凉去，姑且"悬而不断"。英文的 Suspension of judgment，即是暂且悬而不断，此事似容易而实最难。科学史上最有名的故事是达尔文得了他的生物演变的通则之后，几十年中继续搜求材料，积聚证例，自以为不满意，不敢发表他的结论。又如治梅毒的药，名"六○六"，是试验六百零六次的结果；其名"九一四"者，是试验九百十四次的结果。此皆是"缓"的精神。凡不肯悬而不断的人，必是不能真做到勤谨和三个字的。

——《致王重民》

前函所论，证据本身必须无疑，然后要问此证据于本题有何干系。前一步是证据的可靠性（authenticity），后一步是证据的相干性（Relevancy）（切合性）。此是考据学的骨髓。然三五百年中的考证学者又何尝有人注意及此！

——《致王重民》

我自从一九四二（年）九月以来，决心埋头治学，日夜不懈，总想恢复我中断五年的做学问的能力。此时完全抛下，而另担负我整整五年中没有留意的政治外交事业，是用其所短而弃其长，为己为国，都无益处。

——《复王世杰》

考证的工作，方法是第一要件。说话的分寸也是一件重要的事，我常劝朋友，"有几分证据，说几分话。有五分证据，不可说六分话。"

——《复苏雪林》

我的治学方法似乎是经过长期琢磨，逐渐发展出来的。它的根源似乎可以一直追溯到我十来岁的初期。在我用中文撰写的自述里，我就说过我十几岁的时候，便已有好怀疑的倾向；尤其是关于宗教方面。我对许多问题存疑；我（尤其）反对迷信鬼神。我对我的文化生活，乃至日常生活中的一切理论、记载和事实，如一有怀疑，也都要予以批判来证明或反证明。这都是由于我的怀疑的倾向所致。所以纵使我才十几岁的时候，我已经在寻觅一个能解决我怀疑的方法。

——《青年时期逐渐领悟的治学方法》

我研究《红楼梦》的目的并不是要教导读者如何读小说，我所要传播的只是一项科学法则和科学精神。科学精神便是尊重事实。寻找证据，证据走向那儿去，我们就跟到那儿去。科学的法则便是"大胆的假设，小心的求证"。只有这一方法才使我们不让人家牵着鼻子走。

——《五四运动：一场不幸的政治干扰》

在前章里我曾说过，中国文艺复兴运动有四重目的：

一、研究问题，特殊的问题和今日切迫的问题；

二、输入学理，从海外输入那些适合我们作参考和比较研究用的学理；

三、整理国故；（把三千年来支离破碎的古学，用科学方法作一番有系统的整理）

四、再造文明，这是上三项综合起来的最后目的。

——《从整理国故到研究和尚》

（大致说来，学问的进步，有两个重要的关键。一是材料的聚积和分解；一是材料的组织与贯通。前者须靠精勤的功力；后者全靠综合的理解）。清儒有鉴于宋明诸儒，专靠理解的危险，乃故意的反其道而行，专力从事训诂、校勘之研究，而避免作哲学性的诠释。在前贤所致力的所有的作品上，他们都找出错误，但是他们却故意避免作主观的综合结论（所以近三百年来，几乎只有经师，而无思想家；只有校史者，而无史家；只有校注，而无著作）。

——《从整理国故到研究和尚》

所以我在《红楼梦》考证文章的结论上说，我的工作就是用现代的历史考证法，来处理这一部伟大小说。我同时也指出这个"考证法"并非舶来品。它原是传统学者们所习用的，这便叫做"考证学的方法"。这一方法事实上包括下列诸步骤：避免先入为主的成见；寻找证据；尊重证据；让证据引导我们走向一个自然的，合乎逻辑的结论。

——《从旧小说到新红学》

《大学》的方法论，最重要的是"致知在格物"五个字。

——《清代学者的治学方法》

我以为我们做学问不当先存这个狭义的功利观念。做学问的人当看自己性之所近，拣选所要做的学问，拣定之后，当存一个"为真理而求真理"的态度。研究学术史的人更当用"为真理而求真理"的标准去批评各家的学术。学问是平等的。发明一个字的古义，与发现一颗恒星，都是一大功绩。

——《论国故学：答毛子水》

中国书没有整理过，十分难读，这是人人公认的。但会做学问的人，觉得趣味就在这一点。吃现成饭，是最没有意思的事，是最没有出息的人才喜欢的。一种问题，被别人做完了，四平八正的编成教科书样子给我读，读去自然是毫不费力。但从这不费力上头结果便令我的心思不细致不刻人。专门喜欢读这类书的人，久而久之，会把自己创作的才能汨没哩。

——《一个最低限度的国学书目》

为什么三百年的第一流聪明才智专心致力的结果仍不过是枉费心思的开倒车呢？只因为纸上的材料不但有限，并且在那一个"古"字底下罩着许多浅陋幼稚愚妄的胡说。钻故纸的朋友自己没有学问眼力，却只想寻那"去古未远"的东西，日日"与古为邻"，却不知不觉地成了与鬼为邻，而不自知其浅陋愚妄幼稚了！

——《治学的方法与材料》

所以我们要希望一班有志做学问的青年人及早回头想想。单学得一个方法是不够的；最要紧的关头是你用什么材料。现在一班少年人跟着我们向故纸堆去乱钻，这是最可悲叹的现状。我们希望他们及早回头，多学一点自然科学的知识与技术：那条路是活路，这条故纸的路是死路。三百年的第一流的聪明才智消磨在这故纸堆里，还没有什么好成绩。我们应该换条路走走了。等你们在科学试验室里有了好成绩，然后拿出你们的余力，回来整理我们的国故，那时候，一拳打倒顾亭林，两脚踢翻钱竹汀，有何难哉！

——《治学的方法与材料》

用精密的方法，考出古文化的真相；用明白晓畅的文字报告出来，叫有眼的都可以看见，有脑筋的都可以明白。这是化黑暗为光明，化神奇为臭腐，化玄妙为平常，化神圣为凡庸：这才是"重新估定一切价值"。他的功用可以解放人心,可以保护人们不受鬼怪迷惑。

——《整理国故与"打鬼"》

但我要答复常先生的质问。我为什么要考证《红楼梦》? 在消极方面,我要教人怀疑王梦阮、徐柳泉、蔡子民一班人的谬说。在积极方面,我要教人一个思想学问的方法。我要教人疑而后信,考而后信,有充分证据而后信。

我为什么要替《水浒传》作五万字的考证? 我为什么要替庐山一个塔作四千字的考证? 我要教人一个思想学问的方法。我要教人知道学问是平等的,思想是一贯的,一部小说同一部圣贤经传有同等的学问上的地位,一个塔的真伪同孙中山的遗嘱的真伪有同等的考虑价值。肯疑问佛陀耶舍究竟到过庐山没有的人,方才肯疑问夏禹是神是人。有了不肯放过一个塔的真伪的思想习惯,方才敢疑上帝的有无。

——《庐山游记》

凡作考据,有一个重要的原则,就是要注意可能性的太小。

——《重印乾隆壬子本〈红楼梦〉序》

易卜生说:"你的最大责任是把你这块材料铸造成器。"学问便是铸器的工具,抛弃了学问便是毁了你们自己。

——《中国公学十八年级毕业赠言》

有人说:"出去做事之后,生活问题急须解决,那有工夫读书? 即使要做学问,既没有图书馆,又没有实验室,那能做学问?"

我要对你们说:凡是要等到有了图书馆方才读书的,有了图书馆也不肯读书。凡是要等到有了实验室方才做研究的,有了实验室也不肯做研究。你有了决心要研究一个问题,自然会摒衣节食去买书,自然会想出法子来设置仪器。

至于时间，更不成问题。达尔文一生多病。不能多作工，每天只能做一点钟的工作。你们看他的成绩！每天花一点钟看十页有用的书，每年可看三千六百多页书；三十年可读十一万页书。

——《中国公学十八年级毕业赠言》

你只要能时时有疑难问题来逼你用脑子，你自然会保持发展你对学问的兴趣，即使在最贫乏的智识环境中，你也会慢慢的聚起一个小图书馆来，或者设置起一所小试验室来。所以我说：第一要寻问题。脑子里没有问题之日，就是你的智识生活寿终正寝之时！古人说，"待文王而兴者，凡民也。若夫豪杰之士，虽无文王犹兴"。试想葛理略（Galileo）和牛敦（Newton）有多少藏书？有多少仪器？他们不过是有问题而已。有了问题而后，他们自会造出仪器来解答他们的问题。没有问题的人们，关在图书馆里也不会用书，锁在试验室里也不会有什么发现。

——《赠与今年的大学毕业生》

为糊口而作那种非"性之所近而力之所能勉"的工只有多多发展职业以外的正当兴趣与活动。一个人应该有他的职业，又应该有他的非职业的顽艺儿，可以叫做业余活动。凡一个人用他的闲暇来做的事业，都是他的业余活动。往往他的业余活动比他的职业还更重要，因为一个人的前程往往全靠他怎样用他的闲暇时间。

——《赠与今年的大学毕业生》

古来成大学问的人，几乎没有一个不是善用他的闲暇时间的。特别在这个组织不健全的中国社会，职业不容易适合我们性情，我们要想生活不苦痛或不堕落，只有多方发展业余的兴趣，使我们的精神有所寄托，使我们的剩余精力有所施展。有了这种心爱的顽艺儿，你就做六个钟头的抹桌子工夫也不会感觉烦闷了，因为你知道，抹了六点钟的桌子之后，你可以回家去做你的化学研究，或画完你的大幅山水，或写你的小说戏曲，或继续你的历史考据，或做你的社会改革事业。你有了这种称心如意的活动，生活就不枯寂了，精神也就不会烦闷了。

——《赠与今年的大学毕业生》

朋友们，在你最悲观最失望的时候，那正是你必须鼓起坚强的信心的时候。你要深信：天下没有白费的努力。成功不必在我，而功力必不唐捐。

——《赠与今年的大学毕业生》

我做……哲学史的最大奢望，在于把各家的哲学融会贯通，要使他们各成有头绪条理的学说。我所用的比较参证的材料，便是西洋的哲学。但是我虽用西洋哲学作参考资料，并不以为中国古代也有某种学说，便可以自夸自喜。做历史的人，千万不可存一毫主观的成见。须知东西的学术思想的互相印证、互相发明，至多不过可以见得人类的官能心理大概相同，故遇着大同小异的境地时势，便会产出大同小异的思想学派。东家所有，西家所无，只因为时势境地不同，西家未必不如东家，东家也不配夸炫于西家。何况东西所同有，谁也不配夸张自豪。

——《中国哲学史大纲》

我很深切的感觉……要在十年之中建立起中国学术独立的基础。

我所谓"学术独立"必须具有四个条件：（一）世界现代学术的基本训练，中国自己应该有大学可以充分担负，不必向国外去寻求。（二）受了基本训练的人才，在国内应该有设备够用与师资良好的地方，可以继续做专门的科学研究。（三）本国需要解决的科学问题，工业问题，医药与公共卫生问题，国防工业问题等等，在国内都应该有适宜的专门人才与研究机构可以帮助社会国家寻求得解决。（四）对于现代世界的学术，本国的学人与研究机关应该和世界各国的学人与研究机关分工合作，共同担负人类学术进展的责任。

——《争取学术独立的十年计划》

中国人作史，最不讲究史料，神话官书，都可作史料，全不问史料是否可靠，却不知道史料若不可靠，所作的历史便无信史的价值。

——《中国哲学史大纲》

研究问题最能使读者渐渐的养成一种批评的态度，研究的兴趣，独立思想的习惯。十部"纯粹理性的评判"，不如一点评判的态度；十篇"赢余价值论"，不如一点研究的兴趣；十种"全民政治论"，不如一点独立思想的习惯。

——《新思潮的意义》

做历史有两方面，一方面是科学——严格的评判史料，——一方面是艺术——大胆的想象力。史料总不会齐全的，往往有一段，无一段，又有一段，那没有史料的一段空缺，就不得不靠史家的想象力来填补了。有时史料虽可靠，而史料所含的意义往往不显露，这时候也须靠史家的想象力来解释。整理史料固然重要，解释（interprete）史料也极重要。中国止有史料——无数史科，——而无有历史，正因为史家缺欠解释的能力。

——《胡适的日记》

校勘之学起于文件传写的不易避免错误。文件越古,传写的次数越多,错误的机会也越多。校勘学的任务是要改正这些传写的错误,恢复一个文件的本来面目,或使他和原本相差最微。校勘学的工作有三个主要的成分:一是发现错误,二是改正,三是证明所改不误。

——《校勘方法论》

七、大学篇

人家对你们作为大学毕业生的,总期望会与平常人有所不同,和大多数没有念过大学的人有所不同。他们预料你们言行会有怪异之处。

你们有些人或许不喜欢人家把你们视为与众不同、言行怪异的人。你们或许想要和群众混在一起,不分彼此。

让我们向你们保证,要回到群众中间,使人不分彼此,是一件容易做到的事。假如你们有这个愿望,你们随时都可以做到,你们随时都可以成为一个"好同伴",一个"易于相处的人",——而人们,包括你们自己,马上就会忘记你们曾经念过大学这回事。

虽然大学教育当然不该把我们造成为"势利之徒"和"古怪的人",可是我们大学毕业生一直保留一点儿与众不同的标志,却也不是一件坏事。这一点儿与众不同的标志,我相信,是任何学术机构的教育家所最希望造成的。

——《智识的准备》

大学男女学生与众不同的这个标志是什么呢?多数教育家都很可能会同意的说,那是一个多少受过训练的脑筋,——一个多少有规律的思想方式——这会使得,也应当使得,受大学教育的人显出有些与众不同的地方。

——《智识的准备》

一个头脑受过训练的人在看一件事是用批判和客观的态度,而且也用适当的智识学问为凭依。他不容许偏见和个人的利益来影响他的判断，和左右他的观点。他一直都是好奇的，但是他绝对不会轻易相信人。他并不仓促的下结论，也不轻易的附和他人的意见，他宁愿耽搁一段时间，一直等到他有充分的时间来查考事实和证据后，才下结论。

——《智识的准备》

北京大学到现在整整四十八岁，其间因受国家多难的影响，致未能尽量发展，间有受军阀压迫中途停顿之事。

——《在北大开学典礼上的致词》

你们四年的研究和实验工作一定教过你们独立思考、客观判断、有系统的推理和根据证据来相信某一件事的习惯。这些就是，也应当是，标示一个人是大学生的标志。就是这些特征才使你们显得"与众不同"和"怪异"，而这些特征可能会使你们不孚众望和不受欢迎，甚至为你们社会里大多数人所畏避和摒弃。

可是，这些有点令人烦恼的特点却是你们母校于你们居留在此时间中，所教导你们而为此最感觉自豪的事。这些求知习惯的训练，如果我没有判断错误的话，也就是你们在大学里有责任予以培养起来的，回家时从这个校园里所带走的，并且在你们整个一生和在你们一切各种活动中，所继续不断的实行和发展的。

——《智识的准备》

由于人人每日每时都需要思考，所以人在思考时，极容易流于疏忽，漠不关心和习惯性的态度。大学教育毕竟难以教给我们一整套精通与永久适用的求知习惯，原因是其所需的时间远超过大学的四年。大学毕业生离开了他的实验室和图书馆，往往感觉到他已经工作得太劳累，思考得太辛苦，毕业后应当享受到一种可以不必求知识的假期。他可能太忙或者太懒,而无法把他在大学里刚学到而还没有精通的智识训练继续下去。他可能不喜欢标榜自己为受过大学教育"好炫耀博学的人"。他可能发现讲幼稚的话与随和大众的反应是一种调剂,甚至是一种愉快的事。

——《智识的准备》

无论如何,大学毕业生离开大学之后,最普遍的危险就是溜回到怠惰和懒散方式的思考和信仰。

所以大学生离开学校后,最困难的问题就是如何继续培养精稳实验室研究的思考态度和技术,以便将这种思考的态度和技术扩展到他日常思想、生活和各种活动上去。

——《智识的准备》

我所想要建议的是各个大学毕业生都应当有一个或两个或更多足以引起兴趣和好奇心的疑难问题,借以激起他的注意、研究、探讨或实验的心思。你们大家都知道的,一切科学的成就都是由于一个疑难的问题碰巧激起某一个观察者的好奇心和想像力所促成的。有人说没有装备良好的图书馆和实验室是无法延续求知的兴趣。这句话是不确实的。请问亚基米德、伽利略、牛顿、法拉第,或者甚至达尔文或巴斯德究竟有什么实验室或图书馆的装备呢?

——《智识的准备》

一个大学毕业生所需要的仅是一些会激起他的好奇心,引起他的求知欲和挑激他的想法求解决的有趣的难题。那种挑激引发的性质就足够引致他搜集资料、触类旁通、设计工具和建立简单而适用的试验和实验室。一个人对于一些引人好奇的难题不发生兴趣的话,就是处在设备良好的实验室和博物馆中,智识上也不会有任何发展。

——《智识的准备》

四年的大学教育所给予我们的,毕业只不过是已经研究出来和尚未研究出来的学问浩瀚范围的一瞥而已。不管我们主修的是那一个科目,我们都不应当有自满的感觉,以为在我们专门科目范围内,已经没有不解决的问题存在。凡是离开母校大门而没有带一两个智识上的难题回家去,和一两个在他清醒时一直缠绕着他的问题,这个人的智识生活可以说是已经寿终正寝了。

——《智识的准备》

在这一个值得纪念的日子里,你们该花费几分钟,为你们自己列了一个智识的清单,假如没有一两个值得你们下决心解决的智识难题,就不轻易步入这个大世界。你们不能带走你们的教授,也不能带走学校的图书馆和实验室。可是你们带走几个难题。这些难题时刻都会使你们智识上的自满和怠惰下来的心受到困扰。除非你们向这些难题进攻,并加以解决,否则你们就一直不得安宁。那时候,你们看吧,在处理和解决这些小难题的时候,你们不但使你们思考和研究的技术逐渐纯熟和精稔,而且同时开拓出智识的新地平线并达到科学的新高峰。

——《智识的准备》

对思考技术的精稔可能引使你们达到创造性的智识高峰;但是也同时会渐渐的普遍应用在你们整个生活上,并且使你们在处理日常活动时,成为比较懂得判断的人,会使你们成为更好的公民,更聪明的选民,更有智识的报纸读者,成为对于目前国家大事或国际大事一个更为胜任的评论者。

——《智识的准备》

你们所生活的时代是一片充满了惊心动魄事件的时代，一个势要毁灭你们政府和文化根基的战争时代。而从各方面拥集到你们身上的是强有力不让人批驳的思想形态，巧妙的宣传，以及随意歪曲的历史。希望你们在这个要把人弄得团团转的旋风世界中，要建立起你们的判断力，要下自己的决定，投你们的票，和尽你们的本分。

——《智识的准备》

有人会警告你们要特别提高警觉，以提防邪恶宣传的侵袭。可是你们要怎样做才能防御宣传的侵入呢？因为那些警告你们的人本身往往就是职业的宣传员，只不过他们罐头上所用的是不同的商标；但这些罐头里照样是陈旧的和不准批驳的东西！

——《智识的准备》

你们是在一个信仰所培养之下长大起来的。这些信仰就是相信你们的政府形式，属于人民的政府，尊敬个人的自由，特别是相信那保护思想、信仰、表达和出版等自由的政府形式是人类最伟大的成就之一；但是我们这一代的新先知们却告诉你们说，民主的代议政府仅是资本主义制度下的一个必然的副产品，这个制度并没有实质的优点，也没有永恒的价值；他们又说个人的自由并不一定是人们所希求的；为了集体的福利和权力的利益起见，个人的自由应当视为次要的，甚至应当加以抑压下去的。

——《智识的准备》

你们可能希望能保持精神上的平衡和宁静，能够运用你们自己的判断，唯一的方法就是训练你们的思想，精稔自由沉静思考的技术。使我们更充分了解智识训练的价值和功效的就是在这智识困惑和混乱的时代。这个训练会使我们能够找到真理——使我们获得自由的真理。

关于这种训练与技术，并没有什么神秘的地方。那就是你们在实验室所学到的，也就是你们最优秀的教师终生所从事，而在你们研究论文上所教你们的方法，那就是研究和实验的科学方法。也就是你们要学习应用于解决我所劝你们时刻要找一两个疑难问题所用的同样方法。这个方法，如果训练得纯熟精通，会使我们能在思考我们每天必须面对有关社会、经济和政治各项问题时，会更清楚，会更胜任的。

——《智识的准备》

一切思考是以考虑一个困惑的问题或情况开始的。所有一切能够解决这个困惑问题的假设都是受欢迎的。但是各个假设的论点却必须以在采用后可能产生的后果来作为适用与否的试验，凡是其后果最能满意克服原先困惑所在的假设，就可接受为最好和最真实的解决方法。这是一切自然、历史和社会科学的思考要素。

——《智识的准备》

人类最大的谬误，就是以为社会和政治问题简单得很，所以根本不需要科学方法的严格训练，而只要根据实际经验就可以判断，就可以解决。

但是事实却是刚刚相反的。社会与政治问题是关连着千千万万人命和福利的问题。就是由于这些极具复杂性和重要性的问题是十分困难的，所以使得这些问题到今日还没有办法以准确的定量衡量方法和试验与实验的精确方法来计量。甚至以最审慎的态度和用严格的方法无法保证绝无错误。但是这些困难却省免不了我们用尽一切审慎和批判的洞察力来处理这些庞大的社会和政治问题的必要。

——《智识的准备》

自抗战后，北大迁至后方，先到长沙，旋即迁昆明。由北大、清华、南开三校，合组西南联大，这时三校师生的确"合作团结"，本着礼让精神，联大继续了八年——在抗战期中联大一校继续合作延续了八年。大家虽在极艰苦的环境中,仍继续作学术上的研究,教育上的努力。那时西南联大的校长是张伯苓先生。这一阶段,叫他作"流亡时期"。

——《在北大开学典礼上的致词》

北大不作梦想,不作太高的理想,免得被人认为夸大。但是精神的财产有蔡蒋两校长的三十年自由研究的风气,独立研究的风气,八年来军训教官白雄远先生为敌所执,不屈不挠的精神,以及一些老职员不顾困苦和危险保护了北大的精神财产,现在已为新北大了。希望教授同学都能在学术思想,文化上尽最大的努力作最大的贡献,把北大作成一个像样的大学。更希望同学都能"独立研究",不以他人的思想为思想,他人的信仰为信仰。

——《在北大开学典礼上的致词》

我今天讲一个故事,希望给负责教育行政或负责各学会大学研究部门的先生们一点意见。我讲的题是大学教育与科学研究,不用说,科学研究是以大学为中心。在古代却以个人为出发点,以个人好奇心理,来造些粗糙器皿。还有,为什么科学发达起于欧洲呢?这一点很值得注意。对这虽有不少解释,可是我认为种种原因都不重要,最重要的是自中古以来留下好几十个大学。这些大学没有间断,如意大利伯罗尼亚大学,法国巴黎大学,英国牛津大学,剑桥大学等,这些都是远有一千年九百年或七八百年历史的,因此造成科学的革命。这些大学不断的继长增高,设备一天天增加,学风一天天养成,这样才有了科学研究。研究人员终身研究,可是研究人才是从大学出来的,他们所表现的精神是以真理求真理。

——《大学教育与科学研究》

美国以前没有 University 只有 College，美国有名符其实的大学是在南北美战争以后。为什么在七十年当中，美国一个人创立了一个大学，从这一个人创立了大学，提倡了新的大学的见解，观念，组织，把美国高等教育革命，因而才有今天使美国成为学术研究中心呢？美国去年出版了两个纪念专集，一个是《威尔基专集》，一个是《基尔曼专集》。基尔曼（D. C. Gilman）创立了约翰斯·哈布金（Johns Hopkins University）大学，后来许多大学都跟他走，结果造成了今日美国学术领导的地位。

——《大学教育与科学研究》

北平工学院的历史很长，已有了四十四年，而且从一个专门工业学校，发展到变为北京大学的一部分。在今年 8 月以前，虽经过几次改名字，还不要紧。我在南京对政大同学讲演，便告诉他们说名字没有关系，怎样改也是国家的学堂，北平话有"我们""咱们"之分，如说"咱们"，便像都包括在内，说"我们"，好像就分出"你们"来了。所以，我说这学堂是"咱们的"学堂。

——《在北大工学院四十四周年纪念会上的讲话》

根据历史看，欧洲大学不是政治制度的一部分，中国太学却是文官考试制度的一部门，太学博士是官，司业是官，祭酒也是官，出去作官，回来可以又当太学博士，也可以当司业，可是不久也会又出去作官，所以这制度受政治的牵涉太大，不能把学校看成是自己的学堂，或是"我们的"学堂，或是"咱们的"学堂。学生也认为学堂是一块敲门砖，毕业生对学校毫无感情。私立书院也是如此。所以，千年来我国大学没有固定的继续性。

——《在北大工学院四十四周年纪念会上的讲话》

欧洲大学的能以继续有两个因素：一个是主持财产的董事会，一个是终身任教职的教授会。前者，罗马教皇对大学主持者给一特许的 Bull，因而保管财产成为一特许组织，固定的永久的专门的负责的来保持财产，好像保管自己的财产一样，使成为一个立案的法人或法团。这保管校产的团体叫董事会也好叫 Cooperation 也好。后者，教授以终身作教学的职务，对学校有一种责任和任务。一切得到了保障，这组成的团体，主要的是教授会。

——《在北大工学院四十四周年纪念会上的讲话》

今天留在国外的许多人才，如化学、物理学，差不多头等人才都在美国。最多的是航空工程，医学少一点。学人文科学和社会科学的，也有许多在美国。将来如何把这许多人才组织起来，联合起来，并请他们回国来工作，同时也给他们以合适的设备，合适的生活。这的确是当前的问题。

——《选科与择业》

我在北大二十年，前后参加办理学生入学考试，由出题阅卷至放榜，不下十三四次之多，对学生投考情形，颇为了解。大概考理学院的平均四人取一，考文学院的八人取一，考法学院的十二人取一。顶好的考理工科，因为须数学程度好，次一点的考文学院，这些人多从家庭或教师中得到良好的国英文基础教育，考法学院的人最多，认为考政治经济法律，人人可以尝试。外国的情形也是如此，程度顶好的学生选工科，现在工科里最时髦的是航空工程，其次是物理，物理中最时髦的是原子能。这种现象，不知道有什么方法可以纠正？我个人觉得只有希望教育的领导人多方面向青年们开导，使他们明了选择专门学科与将来的职业是一件事，选科与将来的职业有两个标准：一个是社会的需要，一个是我配干什么？这两个标准中，第二个标准比第一个更重要，因为社会的需要是跟着时代变迁的，过去社会的职业普通多说三百六十行，现在的社会职业恐怕三千六百行、三万六千行都不止了，需要航空工程，需要原子能，也需要诗人、戏剧家、哲学家；做马桶、开水沟的卫生工程，也不可少。

——《选科与择业》

选修科等于探险，在座的董作宾先生是世界有名的考古学家，假使你在探险中偶然听了董先生的课，而对考古学发生了兴趣，你就可能成了董作宾先生的一个好徒弟。

——《选科与择业》

关于大学的功课，三十年前我们在北京，就提倡选课制。大学选课制度是让学生减少必修课，增加选修课，让他多暗中摸索一点，扩大其研究兴趣。讲新教育要注重兴趣。所谓兴趣，不是进了学堂就算是最后兴趣。兴趣也要一点一点生长出来，范围一点一点的扩大。比方学音乐，中国的家庭，没有钢琴提琴，就是小孩子有此天才，有此兴趣，没有工具也不行。

——《教育学生培养兴趣》

关于中国公学的复校工作，我过去未能多所尽力，实在很惭愧。但是，我觉得我们的母校自有它光荣的历史，不问我们的母校能否恢复，而它的历史是不朽的。如像北京大学，虽然一度改了名称，但对于它的历史并没有多大关系。我觉得，我们目前应做的工作，是发扬中国公学的历史价值，确定我们母校在中国革命史上和中国教育史上的地位。

——《回忆中国公学》

我在《四十自述》这本回忆录里，曾详细叙述我在校的情形——我怎样进了中国公学，后来又怎样闹风潮，以至同朱经农一些同学另外办了一个新中国公学……，我写这一段的历史，很得力于赵健凡同学的帮助，因为他收集了好些我们在校里出版的《竞业旬报》。这上面有很多我写的文章和当时学校动态的记载，有人认为我《四十自述》记这一段文字，对于中国公学的历史很有帮助。

——《回忆中国公学》

谈到中国公学和中国革命的关系，这实在有深厚的渊源。中国公学的创办，在表面上是因为一部分留日学生反对日本政府取缔留学生的规定，大家回到上海，自动的举办本校，但实际上，这批留学生都是革命党人。

——《回忆中国公学》

谈到中国公学和中国教育制度以至民主的政治制度，也有很深切的关系。当时我们母校的教育制度，有着一点独特的作风，这种作风便是民主制度在教育上的试验，当时校内并不设校长，而由三位干事共同负责处理校务，成为学校"行政机关"。另外由全体同学推举班长，室长，实行自治，并且选举评议员，组织评议会，成为学校的"立法机关"。一切校务虽由干事负责执行，但必须先经评议会通过，完成"立法程序"。就是聘请教员，也得经过同学的同意。记得总统的岳父宋耀如老先生，曾经教过我们的英文。原先有几位英文教员，都不为同学欢迎而解聘，后来聘请宋老先生，始而同学对他的印象并不太好，但上了第一堂课之后，他读得好，讲得好，发音又好，大家方心悦诚服的接受他的教导。

——《回忆中国公学》

我们几千年古国，竟没有一所大学具有六十年以上的历史。在欧洲，意大利有近千年的波罗利亚大学（Bologna），法国有九百多年的巴黎大学，英国有八百多年的牛津大学，七百多年的剑桥大学，其他五百年以上的大学，欧洲有四、五十个之多。在美国这新兴的国家，独立以来仅一百七十年，但他们有三百多年的哈佛大学，二百多年的威玛大学（William and Mary）和耶鲁大学。虽然我国汉朝时有"太学"设立，算起来也有二千多年历史，在汉武帝时太学里从五个博士教授，五十个学生开始，到东汉时学生增到三万人,曾经成为言论自由,政治批评的中心,可惜太学的制度、风气、书籍、设备、财产,都没有继续下来,到今天我们最老的是北京大学,才不过五十多年历史。

——《美国大学教育的革新者吉尔曼的贡献》

吉尔曼(生于 1831 年,死于 1908 年),出生在耶鲁学院附近的脑威城,1840 年进入耶鲁读书,于 1852 年毕业,次年即与同时好友怀特(Andrew D. White)同时任职美国驻俄公使馆随员,同船去欧洲,在欧洲数年中,两人极为留心考察欧洲的大学教育制度,后来这两个人都成为美国教育的革新领袖,分任康乃尔大学及霍浦金斯大学(Johns Hopkins Univ.)校长。

——《美国大学教育的革新者吉尔曼的贡献》

霍大在吉尔曼的领导下,第一个目标是提高大学的研究工作,第二是传布研究的成绩。为了实现这两个相关连的目标,他提倡大学教授合作办几个专发表研究成绩的专门杂志,成绩极可重视。此外霍大早期研究生里,后来很多成为名学者,如美国总统威尔逊、哲学家杜威等。

——《美国大学教育的革新者吉尔曼的贡献》

廿五年之后,吉尔曼七十岁,霍大盛大庆祝廿五周年校庆及老校长七十大庆,当时尚为普林斯顿大学教授的威尔逊总统特作贺寿文,由一千多霍大毕业生与教授签名,贺寿文里说:"杰斐逊在他的维金尼亚大学计划里,定下了美国大学的规模,但你老先生是第一个人,建立一种新的美国大学,在这新大学里,发明新的真理,传布新的真理。在这新大学里,研究工作者的训练最可以表示研究在教育上的功效与价值。"在那次廿五周年的大庆典上,哈佛大学校长 Eliot 也说:"吉尔曼先生在霍浦金斯大学,给全美国的大学开创了一个新的纪元,他把大学看作研究院,他逼得我们都不能不跟着他走,跟着他改革,他不但发展了霍大,并且使别的大学校长知道如何发展他们的大学。"

——《美国大学教育的革新者吉尔曼的贡献》

有了吉尔曼的霍浦金斯大学,美国才有以研究院作本体的大学,美国才把旧的学院(Colleges)提高到 Universities,才有了真正的大学。霍大开学到今天,不过七十八年,它的影响却使美国争取到全世界学术研究中心的地位了。

——《美国大学教育的革新者吉尔曼的贡献》

我国第一个大学,是在汉武帝时,由公孙弘为相,发起组织,招收学生所设立的太学,这所太学,就是今日国立大学的起源,不过在设立之初只有五个教授,五十个学生,也就是所谓五经博士,至纪元后一百多年,王莽篡汉时,这个太学不仅建筑扩大了,而且学生人数,也达到一万人,光武中兴时的许多政坛人物,多是出身自这所太学,到第二世纪,这所太学的学生已发展到三万多人,比当今之哈佛、哥伦比亚等,毫无逊色。最可惜的,是当时政治腐败达于极点,因此许多的太学生,就开始批评政治,进而干预,结果演成党锢之祸,使太学蒙受影响。其后各代虽也有太学,但没有多大作用,到最后太学生可以用钱捐买,因此就不成为太学了。此外汉代也有私人讲学,其学生多少不等,有的三、五百,有的二、三千,这可以说是私立大学的起源,如郑玄所创者,即是一个很好的例子。

——《谈谈大学》

自纪元二百年郑玄逝世,至一千二百年朱熹逝世,在这一千年中,中国的学术多靠私人讲学传授阐扬,不过因政治问题,常受到压迫。虽然环境如此,但私人讲学并没有因此而中辍,而且仍旧成为传播学术的重要基础,如历代的书院与学派的盛行,都是实例。

——《谈谈大学》

中国的高等教育虽然发达得很早，但是不能延续，没有一个历史悠久的学校，比起欧美来，就显然落后了，即使新兴的国家如菲律宾，也有三百多年历史的圣多玛大学，美国的历史只有一百六十余年，而美国的大学如哈佛、哥伦比亚等，都有二、三百年的历史，至于欧洲，尤其古老，如意大利就有一千年和九百多年历史的大学，英国的牛津和剑桥历史也达到八、九百年，若几百年历史的大学，在德法等国也为数不少，为什么历史不及我们的国家，会有那么长远历史的大学，而我国反而没有呢？因为人家的大学有独立的财团，独立的学风，有坚强的组织，有优良的图书保管，再加上教授可以独立自由继续的研究和坚强的校友会组织，所以就能历代相传，悠久勿替，而我们的国家多少年来都没有一个学校能长期继续，实在是很吃亏的。

——《谈谈大学》

记得四十八年前，我考取了官费出洋，我的哥哥特地从东三省赶到上海为我送行，临行时对我说，我们的家早已破坏中落了，你出国要学些有用之学，帮助复兴家业，重振门楣，他要我学开矿或造铁路，因为这是比较容易找到工作的，千万不要学些没用的文学、哲学之类没饭吃的东西。我说好的，船就要开了。那时和我一起去美国的留学生共有七十人，分别进入各大学。在船上我就想，我选课用什么做标准？听哥哥的话？看国家的需要？还是凭自己？只有两个标准：一个是"我"；一个是"社会"，看看社会需要什么？国家需要什么？中国现代需要什么？但这个标准——社会上三百六十行，行行都需要，现在可以说三千六百行，从诺贝尔得奖人到修理马桶的，社会都需要，所以社会的标准并不重要。因此，在定主意的时候，便要依着自我的兴趣了——即性之所近，力之所能。我的兴趣在什么地方？与我性质相近的是什么？问我能做什么？对什么感兴趣？我便照着这个标准转到文学院了。但又有一个困难，文科要缴费，而从康大中途退出，要赔出以前二年的学费，我也顾不得这些。经过四位朋友的帮忙，由八十元减到三十五元，终于达成愿望。在文学院以哲学为主，英国文学、经济、政治学之门为副。后又以哲学为主，经济理论、英国文学为副科。到哥伦比亚大学后，仍以哲学为主，以政治理论、英国文学为副。我现在六十八岁了，人家问我学什么？我自己也不知道学些什么？我对文学也感兴趣，白话文方面也曾经有过一点小贡献。

——《大学的生活》

在北大，我曾做过哲学系主任、外国文学系主任、英国文学系主任，中国文学系也做过四年的系主任，在北大文学院六个学系中，五系全做过主任。现在我自己也不知道学些什么，我刚才讲过现在的青年太倾向于现实了，不凭性之所近，力之所能去选课。譬如一位有作诗天才的人，不进中文系学做诗，而偏要去医学院学外科，那么文学院便失去了一个一流的诗人，而国内却添了一个三四流甚至五流的饭桶外科医生，这是国家的损失，也是你们自己的损失。

——《大学的生活》

听说入学考试时有七十二个志愿可填，这样七十二变，变到最后不知变成了什么，当初所填的志愿，不要当做最后的决定，只当做暂时的方向。要在大学一、二年的时候，东摸摸西摸摸的瞎摸。不要有短见，十八九岁的青年仍没有能力决定自己的前途、职业。进大学后第一年到处去摸、去看，探险去，不知道的我偏要去学。如在中学时候的数学不好，现在我偏要去学，中学时不感兴趣，也许是老师不好，现在去听听最好的教授的讲课，也许会提起你的兴趣。好的先生会指导你走上一个好的方向，第一二年甚至于第三年还来得及，只要依着自己"性之所近，力之所能"的做去，这是清代大儒章学诚的话。

——《大学的生活》

近代科学的开山大师——伽利略（Galileo），他是意大利人，父亲是一个有名的数学家，他的父亲叫他不要学他这一行，学这一行是没饭吃的，要他学医。他奉命而去。当时意大利正是文艺复兴的时候，他到大学以后曾被教授和同学捧誉为"天才的画家"，他也很得意。父亲要他学医，他却发现了美术的天才。他读书的佛劳伦斯地方是一工业区，当地的工业界首领希望在这大学多造就些科学的人才，鼓励学生研究几何，于是在这大学里特为官儿们开设了几何学一科，聘请一位叫 Ricci 氏当教授。有一天，他打从那个地方过，偶然的定脚在听讲，有的官儿们在打瞌睡，而这位年轻的伽利略却非常感兴趣。于是不断地一直继续下去，趣味横生，便改学数学，由于浓厚的兴趣与天才，就决心去东摸摸西摸摸，摸出一条兴趣之路，创造了新的天文学、新的物理学，终于成为一位近代科学的开山大师。

——《大学的生活》

大学生选择学科就是选择职业。我现在六十八岁了，我也不知道所学的是什么？希望各位不要学我这样老不成器的人。勿以七十二志愿中所填的一愿就定了终身，还没有的，就是大学二、三年也还没定。各位在此完备的大学里，目前更有这么多好的教授人才来指导，趁此机会加以利用。社会上需要什么，不要管它，家里的爸爸、妈妈、哥哥、朋友等，要你做律师、做医生，你也不要管他们，不要听他们的话，只要跟着自己的兴趣走。想起当初我哥哥要我学开矿、造铁路，我也没听他的话，自己变来变去变成一个老不成器的人。后来我哥哥也没说什么。只管我自己，别人不要管他。

——《大学的生活》

谈到书院，到了北宋时代，有四个书院很出名，清代更为发达，我的父亲便是在同治七年考入上海的龙门书院。我的父亲《钝夫年谱》里详细叙述当年该书院的详细情形,并特别提出,该书院在学生的笔记本上印有一句很有意义的格言:"学者先要会疑,要能于无疑处有疑,方能进步。"此话虽是九十年前的格言,但在今天来说,仍非常有意义。

——《中国教育史的资料》

中国是具有五千年历史文化的古国,但却没有一个具有六十年或七十年以上历史的大学。北京大学是一个很老的学校,也不过六十二年,交通大学从它的前身南洋公学一起算进去,也只有六十多年的历史,台湾大学从日据时代的台湾帝国大学,到现在不过二十多年,一个有五千年历史的国家,没有六七十年以上历史的大学,是很使人惭愧的。

——《教师的模范》

我在哈佛大学的餐会中,曾被邀请说话,我曾指出,北京大学是国立大学,是首都大学,也是真正继承中国历史上太学的学府。中国的太学是创始于汉武帝时代,这样算起来,北大历史应该要从纪元前 124 年算起,如果以这个历史为考据,北大该排在埃及大学的前面了。

——《教师的模范》

北京大学不愿意继承太学是有原因的。中国的大学始于太学,但是从汉武帝到隋唐国子监,都没有持续性和继续性,当朝代间替,政府更换的时候,学堂也随着变换,使得学堂的设备、财产、人才、学风都缺乏继续的机构接替下去。

——《教师的模范》

在中国,太学是政治机构的一部分,太学校长叫"祭酒",他们升官了,就离开太学做官去。无论是学风,人才,都随着不同的朝代政府变迁更换。西洋的大学能够继续不断发展,有三个因素:第一,它们有董事会,管理学校财产,像欧洲的大学是由教皇特旨,以教皇的许可状作为基础,连续有人负责学校的一切。第二,是教师会,它使得学校的传统学风能继续下去。第三,美洲的大学,都有校友会,校友们捐款给学校,推选董事参加董事会。

——《教师的模范》

中国的大学有国立的,官立的,私立的,但却没有一个私立学校是完全私立的,大多是半官立的,太学在纪元前124年成立时,只有五个教授,五十个学生。王莽大兴学堂,曾筑舍万区,纪元后4年,太学生有六万多人,东汉迁都洛阳,太学仍在继续不断发展。汉光武帝革命的成功,全是王莽时代太学生的力量。"党锢之祸"发生以后,太学生才渐为大家所恐惧。

——《教师的模范》

我们大学制度产生得很早,但是几千年来没有好好持续下去,造成了有五千年历史,而没有七十年以上大学历史的现象。

一个只有十四年历史的学堂,在教育史上还是个小孩子。十四岁的孩子是不应该为他大做生日的,但还是值得道喜。……

——《教师的模范》

现在有许多人主张大学移殖事业。这种事业,英文叫作 Social Settlement。翻出来就是"社会的殖民地"。但我以为翻做"贫民区域居留地"更好。移殖事业是怎样的呢?比方这里有许多大学的学生,暑假的时候,不上西山去,不到北戴河去,结几个同志到城市中极贫穷的区域去住,在那里教一般的贫民念书、游戏和作工等等日用的常识。贫民得着大学生和他们住在一块,就渐渐地受感化,因此可以减掉许多困难的问题。我们做学生的一定要牺牲一点工夫,去做这模范生活,因为我们对于这事,不但要宣传,而且要尽力去实行。

——《研究社会问题底方法》

八、教育篇

　　杜威先生的教育哲学、教育学说，被公认为最新的教育理论，不但影响了全美国的学校，由幼稚园、小学、中学，到大学，也影响了革命初期的俄国。苏俄那时的教育制度，便是依杜威先生的理论制定的，后来革命的倾向改变，整个教育制度也就改变了。中国教育界自 1919 年到现在，也深受他的教育思想的影响。

——《胡适演讲集》

　　提高就是——我们没有文化，要创造文化；没有学术，要创造学术；没有思想，要创造思想。要"无中生有"地去创造一切。这一方面，我希望大家一齐加入，同心协力用全力去干。只有提高才能真普及，越"提"得"高"，越"及"得"普"。你看，桌上的灯决不如屋顶的灯照得远，屋顶的灯更不如高高在上的太阳照得远，就是这个道理。

——《胡适演讲集》

　　我们若想替中国造新文化，非从求高等学问入手不可。我们若想求高等学问，非先求得一些求学必需的工具不可。外国语、国文、基本科学，这都是求学必不可少的工具。我们应该拿着这种切实的工具，来代替那新名词的运动，应该用这种工具，去切切实实的求点真学问，把我们自己的学术程度提高一点。我们若能这样做去，十年二十年以后，也许勉强有资格可以当真做一点"文化运动"了。二三十年以后，朱遏先生和陈女士做中国现代史的时候，也许我们北大当真可以占一个位置。

——《胡适演讲集》

个人与社会有密切的关系，个人就是社会的出产品。我们虽然常说"人有个性"，并且提倡发展个性，其实个性于人，不过是千分之一，而千分之九百九十九全是社会的。我们的说话，是照社会的习惯发音；我们的衣服，是按社会的风尚为式样；就是我们的一举一动，无一不受社会的影响。

——《胡适演讲集》

怪物原有两种：一种是发疯，一种是个性的表现。这种个性表现的怪物，是社会进化的种子，因为人类若是一代一代的互相仿照，不有变更，那就没有进化可言了。惟其有些怪物出世，特立独行，作人不作的事，说人未说的话，虽有人骂他打他，甚而逼他至死，他仍是不改他的怪言，怪行。久而久之，渐渐的就有人模仿他了，由少数的怪，变为多数，更变而为大多数，社会的风尚从此改变，把先前所怪的反视为常了。

——《胡适演讲集》

怪事往往可以轰动一时，凡轰动一时的事，起先无不是可怪异的。比如缠足，当初一定是很可怪异的，而后来风行了几百年。近来把缠小的足放为天足，起先社会上同样以为可怪，而现在也渐风行了。可见不是可怪，就不能轰动一时。社会的进化，纯是千分之一的怪物，可以牺牲名誉，性命，而作可怪的事，说可怪的话以演成的。

——《胡适演讲集》

在文明的国家学生与社会的特殊关系，当不大显明，而学生所负的责任，也不大很重。惟有在文明程度很低的国家，如像现在的中国，学生与社会的关系特深，所负的改良的责任也特重。这是因为学生是受过教育的人，中国现在受过完全教育的人，真不足千分之一，这千分之一受过完全教育的学生，在社会上所负的改良责任，岂不是比全数受过教育的国家的学生，特别重大吗？

——《胡适演讲集》

　　教育是给人戴一副有光的眼镜，能明白观察；不是给人穿一件锦绣的衣服，在人前夸耀。未受教育的人是近视眼，没有明白的认识，远大的视力；受了教育，就是近视眼戴了一副近视镜，眼光变了，可以看明清楚远大。学生读了书，造下学问，不是为要到他的爸爸面前，要吃肉菜，穿绸缎；是要认他爸爸认不得的，替他爸爸说明，来帮他爸爸的忙。他爸爸不知道肥料的用法，土壤的选择，他能知道，告诉他爸爸，给他爸爸制肥料，选土壤，那他家中的收获，就可以比别人家多出许多了。

——《胡适演讲集》

　　办教育，治安问题很要紧。比方在北方，日本的飞机天天在校顶飞过，叫谁也不能安心办学，就是你不走，学生也走了。

——《胡适演讲集》

　　中国办新教育已经有三十多年了，却没有一个地方能够做得到。办普及义务强迫教育，我以为香港是有这资格的，故此我说他是东亚大陆上一个办义务教育的地方。近据报载，中央政府拟在南京办义务普及教育，我想香港可以和他争光的，希望诸位教育界领袖，向着这个目标迈进。

——《胡适演讲集》

　　从前我们用人力车，现在则用电车或汽车，难道"车"、"灯"可以变化，思想文化便不可以吗？所以，我第一希望香港能实现为第一个义务教育的地方，新的领袖，尤其要接受新的文化，做新文化运动的领导者，以和平的手段转移守旧势力，使香港成为南方新文化中心。

——《新文化运动与教育问题》

听说香港教育很发达，单是教员已经有三千多，不能谓不发达。但我们要知道教育的基础是很重要的，前两月汪院长无线电报告二十三年教育成绩，据说二十三年度小学教育比前增四倍，中学增十倍，大学增一百倍，在量看来很发达了，但试想这样的进步是没有基础的。因为大学、中学要学费，许多人没有资格升学，不该升学的，都凭借他的金钱或面子进去了，有天才的学生许多还没有入学的机会。照理大学教育增一百倍，小学该增至二万倍，这样才有教育的基础，有天才的人才有抬头的机会，所以非做到义务教育、强迫教育不行。

——《新文化运动与教育问题》

现在我国的教育是办不好的。一个小孩在小学念了六年书，毕了业回到家中，穿起一件长衫，便不屑助哥哥做木工，帮爸爸种田了，他说自己是学生了，特殊阶级了。假使阿猫的儿子或阿狗的儿子，都给他念书，由小学毕业出来，人人都是特殊阶级，那就没有特殊了。

——《新文化运动与教育问题》

香港是一个商业的地方，做商人的或许没有顾及教育或文化的问题，老一辈的也想保守着旧有的，统治阶级也不一定对新文化表同情。然而现在不同了，香港最高级教育当局也想改进中国的文化。香港大学文学院从前是没有人注意的，最近他叫我计划发展。但是我不懂的，已经介绍两位教育家给他了，这是很好的象征。诸位新领袖，应该把着这新的转机推进这新的运动。

——《新文化运动与教育问题》

我在民国二十三年，曾在考试院住过几天，也在此会场讲过话，所以这次重来，非常愉快。尤其看到考试院的建筑没有被破坏，并知道今年参加高考的人数超过以前任何时期，现在交通如此不方便，而全国各大城市参加高考的人数，竟达万人以上（就在我们北大的课室中，也有不少的人在应试）。我感觉到，自民国二十年举行第一次考试以来，这十六年间，考试制度的基础已相当巩固。我是拥护考试制度的一个人，目睹考试制度的巩固，与应考人数的增多，至为高兴。

——《考试与教育》

中国的考试制度，可算有二千多年历史。在汉朝初开国的几十年，本来没有书生担负政治上的重要责任。后来汉武帝的宰相公孙弘，向武帝建议两件大事：其一是"予博士以弟子"，因过去只有博士，而没有学生，公孙弘主张给博士收学生。每个博士给予学生十人，后来学生数目逐渐增加，至王莽时代，增至一万人。迨东汉中期，更增至三万人。

——《考试与教育》

学校学生根据政府订定的标准，大家去努力竞争。最初应考的人，还有阶级的限制，就是只有士大夫阶级才能应试。后来这种阶级观念也打破了，只问是否及格，而不问来历。考试制度其后也逐渐改进，在唐朝时，还有人到处送自己的卷子，此种办法易影响主考人的观念，所以大家觉得不妥当，而加以禁止。到宋朝真宗时代，更采用密封糊名的办法，完全凭客观的成绩来录取人才。

——《考试与教育》

由于考试制度的渐趋严密和阶级制度逐渐打破，所以无论出身如何寒微的人，都有应考的机会和出任官吏的可能。

——《考试与教育》

考试制度对于国家的统一，也有很大的关系。从前的交通非常不便，不像现在到甘肃，到四川，坐飞机只花几个小时就可到，并且还有火车、汽车和轮船等交通工具。在古时那种阻塞的情形下，中央可以不用武力而委派各地以至边疆的官吏，来维持国家的统一达两千多年，这实在有其内在的原因，就是由于考试制度的公开和公平。当时中央派至各地的官吏（现在称之为封建制度，我却认为并不怎样封建，因为不是带了许多兵马去的）皆由政府公开考选而来。政府考选人才，固然注意客观的标准，同时也顾及到各地的文化水准，因此录取的人员，并不偏于一方或一省，而普及全国。在文化水准低的地方，也可以发现天才。有天才的人，便可以考中状元，所以当选的机会各地是平等的。

——《考试与教育》

从汉朝以后，考试和教育的关系，那时候的学校，差不多都是为文官考试制度而设。迄至隋唐，流于以文取士的制度。本来考试内容，包含多种，除进士外，有天文、医学、法律、武艺等等。不过进士却成为特别注重的一科。进士是考诗经、词赋的，即是以创作文学为标准。社会的眼光，也特别重视这一科。有女儿的人家要选进士为女婿，女子的理想丈夫，就是状元进士。这种社会风气，改变了考试的内容。本来古代考试，不单纯是做诗词或八股文章，不过因为后来大家看不起学法律和医药的人，觉得这种学问，并不是伟大的创作，而进士却能在严格的范围内来创作文学，当然应看作是天才了。社会这种要求，并不是没有道理，不过因为太看重进士，所以就偏于以进士科为考试制度的标准。

——《考试与教育》

因为考试内容的改变，便影响到学校的教育。考试要用诗赋，学堂教育便要讲诗赋，考试要用八股文章，学堂教育便要讲八股文章。社会的要求和小姐们的心理，影响了考试制度，考试制度也影响了学校教育的内容。

——《考试与教育》

由于进士科考取的人才，多数是天才，天才除了做诗赋和八股之外，当然还可以发挥其天才做其他的事业。所以这并不是完全失败的制度，此处并非说我同情进士制（我是最反对做律诗和八股文的），不过我们要知道这是有历史背景的。

——《考试与教育》

我近年来，在国外感觉到，中国文化对世界有一很大的贡献，就是这种文官考试制度。没有其他的民族和国家，其考试制度会有二千多年的历史的。我们即以隋唐到现在来说，已有一千四百年，唐朝迄今，有一千三百年，宋朝迄今，也有九百多年，没有别的国家，能有这样早的考试制度。我国以一个在山东牧豕出身的公孙弘先生，能于二千年前有这种见地，实在是件了不起的事。

再从世界的眼光来看，中国考试制度，也影响了别的国家。哈佛大学的《亚洲研究杂志》，前年刊登一篇北京大学教授丁士仪先生写的文章，题为"中国文官考试制度影响英国文官考试制度的研究"。丁先生特别搜寻英国国会一百多年来赞成和反对采用中国文官制度的历次讨论纪录，用作引证。

——《考试与教育》

民国十一年我国改订新学制，我是起草人之一。将小学七年制改为六年，中学四年制改为六年制（三三制），而把大学预科取消，大学本科仍为四年，毕业后再进研究院。当时预定的中等教育分为普通教育与职业教育两条路（师范教育包括在职业教育内），中等教育的普通教育提倡多设初中，高中每省只限一所，后来因为政治上的大变动，和设立职业学校需有设备，需要较多的经费的关系，致未能收到"注重"的效果，且已设立的职业学校，因不能维持而日益减少，几等于零了。兼以当时的社会仍未脱离科举的思想，以进小学、中学、大学，比为中秀才、举人、进士，考普通中学的人多,设普通中学的也多;政府无严格限制的办法,复未予以严格监督,于是凡中学几皆设高中,把中学水准都降低了,这是起草教育新制时所始料不及的。

——《选科与择业》

美国在战后曾通过一个法律,以保障军人权利,即大战时国家征调的军人,服役完毕后,政府要给他付学费,受四年大学教育。于是投这些退役军人之好,有许多后期预备学校,私立大学和专门职业学校的设立。在我前次回国时,因为有千多万服役军人,享有四年受教育权利——受大学教育,或者补完高中教育,于是大学由六百多个增加到一千多个。地方的职业专科学校也是一样的增多,这样一来,发生师资问题。在战时,又因为各种工厂需要人才,很多人又跑到工厂去做工,以致师资时时感到缺乏。

——《教育学生培养兴趣》

现在新教育注重兴趣,我们的中等学校,兴趣范围太窄,应该力求扩大。

——《教育学生培养兴趣》

我们从前提倡职业教育,这个用手、用脚、用脑的教育虽然提倡过,但结果等于没有。大家都觉得职业教育难办,没有设备,没有机器,没有工厂。所以普通学校特别发达,办普通学校比较容易,政府又没有限制。

——《教育学生培养兴趣》

照规矩说,学的东西,不一定是社会或家庭需要的东西,一个学校也不一定为各个学生来适应家庭和社会的需要。总结还是一句话,要注重训练学生本能天才的发表,使他的知识能力有创造性,能应付新的问题、新的环境,我认为一切教育都应该如此,决不能为某种环境、某种家庭,去设想。

——《教育学生培养兴趣》

中学生的修养应注重两点：

一、工具的求得。中学生大概是从十二岁的幼年到十八岁的青年，这个时期是决定他将来最重要的一个时期。求知识与做人、做事的工具，要在这个时期求得。古人说："工欲善其事，必先利其器"，中学生要将来有成就，便应该注意到"求工具"——学业上、事业上、求知识上所需要的工具。求工具的目标有二：一是中学毕业后无力升学要到社会里去就业；一是继续升学。

二、良好习惯的养成。良好习惯的养成，即普通所谓的人品教育，品性人格的陶冶。教育学家、心理学家都告诉我们说：人品性格是习惯的养成，好的品格是好的习惯养成。中学生是定型的阶段，中学生时期与其注重治学方法，毋宁提倡良好习惯的养成。一个人的坏习惯在中学还可纠正，假使在中学里不能养成良好的习惯，这个人的前途便算完了，在大学里不会是个好学生，在社会里不会是个有用的人才。我愿在这里提醒青年学生们注意，也请学生的父兄教师们注意。

——《中学生的修养与择业》

不论就业升学，以我个人的经验和观察所得，语言文字是最需要的工具。在中学里不仅应该学好本国的语言文字，最好能多学一二种外国的语言文字。它是就业升学的钥匙，能为我们打开知识的门。多学得一种语言，等于辟开一个新的花园、新的世界。语言文字，可以说是中学时期应该求得的工具当中非常重要的了。在中学时期如果没有打好语言文字的基础，以后作学问非常的困难。而且过了这个时期，很少能够把语言文字弄好的。

——《中学生的修养与择业》

许多人都说学了数学，将来没有什么用处，这是错误的。数学是自然科学重要的钥匙，如果不能把这个重要的钥匙——数学与物理学、化学、生物学、矿物学、植物学等，在中学时期学好，则不能求得新的知识。所以中学时期最重要的，是把这些基本知识弄好。

　　　　　　　　　　　　　　　　　——《中学生的修养与择业》

　　青年们在学校里对于各种基本科学，不能当他是功课，是学校课程里面需要的功课，应该把它当成求知识、做学问、做人的工具，必不可少的工具。拿工具这个观念来看课程，课程便活了。拿工具这个观念来批评课程，可以得到一个标准。首先看看那些功课够得上作工具，并分出那些功课是求知识做学问的工具，那些功课是做人的工具。那些功课是重要，那些功课是次要。同时拿工具这个观念来督促自己，来分别轻重缓急，先生的教法，也可以拿工具这个观念来衡量，那种教法是死的笨的，请先生改良，那些应该特别注重，请先生注意。我这个话，不是叫学生对先生造反，而是请先生以工具来教，不要死板的照课本讲，这样推动先生，可以使得先生从没有精神提起精神，不是造反而是教学相长，不把功课当作功课看，把它当作必须的工具看。拿工具的观念看功课，功课便是活的。这一点也可以说是中学生治学的方法。

　　　　　　　　　　　　　　　　　——《中学生的修养与择业》

　　我们的国家以前专注重文字教育，读书人的指甲蓄得很长，手脸都是白白的，行动是文绉绉的，读书可以从"学而时习之"背诵起，写文章摇摇摆摆地会写出许多好听的词句来，可是他们是无用的，不能动手，也不能动脚，连桌凳有一点坏了，也不能拿起斧头钉子来修理。这种只能背书写文章的读书人就是没有养成良好的习惯——动手动脚的习惯。

　　　　　　　　　　　　　　　　　——《中学生的修养与择业》

中学生高中毕业后,面临的问题是继续升学或到社会去找职业。升学应如何选科?到社会去应如何择业?简单的说,有两个标准:

一、社会的标准。社会上所需要的,最易发财的,最时髦的是什么?这便是社会的标准。台湾大学钱校长告诉我说,今年台大招生,投考学生中外文成绩好的都投考工学院,尤其是考电机工程、机械工程的特多,考文史的则很少,因为目前社会需要工程师,学成后容易得到职业而且待遇好。这种情形,在外国也是一样的,外国最吃香的学科是原子能、物理学和航空工程,于这一行的,最受欢迎,最受优待。

二、个人的标准。所谓个人的标准,就是个人的兴趣、性情、天才近那门学科,适于那一行业。简单的说,能干什么。社会上需要工程师,学工程的固不忧失业,但个人的性情志趣是否与工程相合?父母兄长爱人都希望你学工程,而你的性情志趣,甚至天才,却近于诗词、小说、戏剧、文学,你如迁就父母兄长爱人之所好而去学工程,结果工程界里多了一个饭桶,国家社会失去了一个第一流的诗人、小说家、文学家、戏剧学家,不是可惜了吗?所以个人的标准比社会的标准重要。

——《中学生的修养与择业》

要找寻教育史的活的资料,《儒林外史》、《醒世姻缘》、《论语》、《孟子》、《礼记》的《檀弓》篇,都有很好的资料。《儒林外史》实在是一部很好的教育史资料,书中不但谈到学制,学生、老师们的生活,同时还谈到由于学制,老师、学生们的生活与关系,所养成的学生的人格与德性。《醒世姻缘》虽然是一部全世界最伟大的怕太太小说,但它里面有些地方,把当时的学制与师生之间的生活情形,描写得非常透彻。《论语》则是一部非常好的教育制度的资料。《礼记》的《檀弓》篇,从语言学的观点来看,是与《论语》在同一时期的。《论语》中孔子与门人的对话,便是活的教育资料。此外《聊斋》一书亦含有部分资料。

——《中国教育史的资料》

中国的教育史，应当从《论语》时代开始。我国的太学远在二千多年前便开始，汉平帝时，王莽扩充太学，收买学生，但仍出了革命人物，汉光武便是由太学出来，以后太学又增至三万人。太学学生，也即是当年的青年知识分子，从而批评政治，形成后汉的党锢之祸，宋代有一部杂记形容太学学生的生活说"有发头陀寺，无官御史台"，由此可以看到太学的生活了。后来到了明朝，又有东林党的事件。到了清朝，教育制度又有不同，一部分监生可以花钱去买。

——《中国教育史的资料》

师范，就是教师的模范，他们至少要有两方面的理想，人格方面，是要爱自由和爱独立，比生命还重要，做到不降其志，不辱其身，把自由独立看作最重要的，这样人格才算完满，另一方面是知识，就是要爱真理，寻真理，为真理牺牲一切，为真理受苦，爱真理甚于自己的生命。

——《教师的模范》

师大学生要以爱自由，爱独立，爱真理胜过生命的理想，担负起教养下一代的神圣使命。

——《教师的模范》

研究女子教育是研究的什么？——昔日提倡女子教育的，是提倡良妻贤母；须知道良妻贤母是"人"，无所谓"女子"的！女子愿做良妻贤母，便去做她的良妻贤母，假使女子不愿意做良妻贤母，依旧可以做她的人的。先定了这个目标，然后再说旁的。

——《女子问题》

正因为当代教育家不非难留学生的国学程度，所以留学生也太自菲薄，不肯多读点国学书，所以他们在国外既不能代表中国，回国后也没有多大影响。

——《答〈清华周刊〉》

"朋旧雕丧",只使我更感觉任重而道远;"青年无理解",只使我更感觉我不应该抛弃他们。即如十二月卅一日下午的谈话会,颇有十来个青年人显出无理解的行为,但我丝毫不怪他们,我只觉得我们教学二十年,实在不曾尽力,实在对不起青年人,他们的错误都应该我们负责。

——《致周作人》

关于人才之教育,诚如尊论,国家教育应供给国家所需要之人才。但解释"国家需要",亦不宜太狭,国立机关如北大,如中基会,似仍宜继续为国家打长久算盘,注重国家的基本需要,不必亟亟图谋适应眼前的需要,现在学工程者已无一人失业,而工程师待遇又已骤增,将来社会风气自然会走向这方面去,——我的儿子祖望也要考工科了!此一方面已不待我们的提倡。我们所应提倡的,似仍在社会不注意的纯粹理论科学及领袖人才的方面。社会一时找不出炼钢炼铜的人才,还可以暂时借用客卿。此时我所焦虑的是:兴学五十年,至今无一个权威政治学者,无一个大法官,无一个法理学家,无一个思想家,岂不可虑?兴学五十年,至今无一部可读的本国通史,岂不更可焦虑?在纯粹科学方面,近年稍有声色,但人才实尚缺乏,成绩更谈不到。故我以为中央研究院、北大、中基会一类的机关此时还应该继续注重为国家培养基本需要的人才,不必赶在人前面去求眼前的"实用"。无用之用,知之者希,若吾辈不图,国家将来必蒙其祸。

——《致翁文灏》

这些讲演对我虽然因为要充分准备而荒时废业,但我从无懊悔之意。后来在我教书期间,纵使有些课我已教了很多年,上课之前我仍然是彻底的准备；其后纵是个把钟头的功课，我从不毫无准备的贸贸然上堂，虽然这种准备工作往往要化去好几个钟头。

——《青年期的政治训练》

公开讲演也是个最好的机会，让一个人去训练他自己的写作；训练他作笔记的系统化。这些种不同形式的表达方法可以强迫一个人对一项命题去组织他的感想、观念和知识；这样可使他以写作的方式，对他要表达的题目了解得更清楚。所以我对公开讲演的好处，曾撰一简单的格言来加以概括。这格言便是：

要使你所得印象变成你自己的，最有效的法子是记录或表现成文章。

大凡一个人的观念和印象通常都是很空泛的；空泛的观念事实上并不是他的私产。但是一个人如他的观念和感想，真正按照逻辑，系统化的组织起来，在这情况之下——也只有在这种情况之下——这些观念和感想才可以说是真正属于他的了。所以我用"专用"、"占有"（appropriate）这个字来表明我的意思。

——《青年期的政治训练》

次说国语文的教授法。

（1）小说与戏剧，先由教员指定分量，——自何处起，至何处止，——由学生自己阅看。

讲堂上止有讨论，不用讲解。

（2）指定分量之法，须用一件事的始末起结作一次的教材。如《水浒》劫"生辰纲"一件事作一次，闹江州又作一次；《儒林外史》严贡生兄弟作一次，杜少卿作一次，娄家弟兄又作一次；又《西游记》前八回作一次。

（3）课堂上讨论，须跟着材料变换，不能一定。例如《镜花缘》上写林之洋在女儿国穿耳缠足一段，是问题小说，教员应该使学生明白作者"设身处地"的意思,借此引起他们研究社会问题的兴趣。又如《西游记》前八回是神话滑稽小说,教员应该使学生懂得作者为什么要写一个庄严的天宫盛会被一个猴子捣乱了。又如《儒林外史》写鲍文卿一段,教员应该使学生把严贡生一段比较着看,使他们知道什么叫做人类平等,什么叫做衣冠禽兽。

(4)无论是小说,是戏剧,教员应该点出布局,描写的技术,文章的体裁,等等。

(5)读戏剧时,可选精彩的部分令学生分任戏里的人物,高声演读。若能在台上演做,那更好了。

(6)长篇的议论文与学术文,也由学生自己预备,上课时教员指导学生讨论。讨论应注重:

(甲)本文的解剖:分段,分小节。

(乙)本文的材料如何分配使用。

(丙)本文的论理:看好文章的思想条理,远胜于读一部法式的论理学。

——《中学国文的教授》

须认明这两项(演说与辩论)是国语与国语文的实用教法。凡能演说,能辩论的人,没有不会做国语文的。做文章的第一个条件只是思想有条理,有层次。演说辩论最能帮助学生养成有条理系统的思想能力。

——《中学国文的教授》

请大家不要把中学生当小孩子看待。现在学制的大弊就是把学生求知识的能力看得太低了。现在各级学堂的课程,都是为下下的低能儿定的,所以没有成绩。现在要谈学制革命,第一步就该根本推翻这种为下下的低能儿定的课程学科!

——《中学国文的教授》

学生平日做的笔记，杂志文章，长篇通信，都可以代替课艺。教员应该极力鼓励学生写长信，作有系统的笔记，自由发表意见。这些著作往往比敷衍的课艺高无数倍；往往有许多学生平日不能做一百字的《汉武帝论》，却能做几千字的白话通信。这种事实应该使做教员的人起一点自责的觉悟！

——《中学国文的教授》

有许多哲学家把"兴趣"看错了，以为兴趣即是自私自利的表示，若跟着"兴趣"做去，必致于偏向自私自利的行为。这派哲学家因此便把兴趣和责任心看作两件绝对相反的东西。所以学校中的道德教育只是要学生脑子里记得许多"应该"做的事，或是用种种外面的奖赏刑罚之类，去监督学生的行为。这种方法，杜威极不赞成。杜威以为责任和兴趣并不是反对的。兴趣并不是自私自利，不过是把我自己和所做的事看作一件事；换句话说，兴趣即是把所做的事认做我自己的活动的一部分。

——《实验主义》

真正的道德教育在于使人对于正当的生活发生兴趣，在于养成对于所做的事发生兴趣的习惯。

——《实验主义》

杜威主张平民主义的教育须有两大条件：（甲）须养成智能的个性（Intellectual individuality），（乙）须养成共同活动的观念和习惯（Cooperation in activity）。"智能的个性"就是独立思想，独立观察，独立判断的能力。平民主义的教育的第一个条件，就是要使少年人能自己用他的思想力，把经验得来的意思和观念一个个的实地证验，对于一切制度习俗都能存一个疑问的态度，不要把耳朵当眼睛，不要把人家的思想糊里糊涂认作自己的思想。"共同活动"就是对于社会事业和群众关系的兴趣。

平民主义的社会是一种股份公司，所以平民主义的教育的第二个条件就是要使人人都有一种同力合作的天性，对于社会的生活和社会的主持都有浓挚的兴趣。

——《实验主义》

对于实行的教育制度上，杜威的两大主张是：（1）学校自身须是一种社会的生活，须有社会生活所应有的种种条件。（2）学校里的学业须要和学校外的生活连贯一气。总而言之。平民主义的教育的根本观念是：

教育即是生活；

教育即是继续不断的重新组织经验，要使经验的意义格外增加，要使个人主宰后来经验的能力格外增加。

——《实验主义》

学生做课外学问是最必要的，若只求讲堂上功课及格，便算完事，那么，你进学校，只是求文凭，并不是求学问。你的人格，先已不可问了。再者，此类人一定没有"自发"的能力，不特不能成为一个学者，亦断不能成为社会上治事领袖人才。课外学问，自然不专指读书：如试验，如观察自然界，……都是极好的。但读课外书，最少要算课外学问的主要部分。

——《一个最低限度的国学书目》

这就是说，学校不仅是为造毕业生而设的，理想的学校应该是一个造成天下公是公非的所在。

——《黄梨洲论学生运动》

香港的教育问题，不仅是港大的中文教学问题。我在香港曾和巢坤霖先生、罗仁伯先生细谈，才知道中小学的中文教学问题更是一个急待救济的问题。

——《南游杂忆》

将来谋中文学校与英文中学的衔接与整理，这也许是很可能的一个救济方法——所以我对于香港的教育家，很诚恳的希望他们一致的改用国语课本。

——《南游杂忆》

我的大意是劝告香港教育家充分利用香港的治安和财富，努力早日做到普及教育；同时希望他们接受中国大陆的新潮流，在思想文化上要向前走，不要向后倒退。

——《南游杂忆》

一个国家有五千年的历史，而没有一个四十年的大学，甚至于没有一个真正完备的大学，这是最大的耻辱。一个国家能养三百万不能捍卫国家的兵，而至今不肯计划任何区域的国民义务教育，这是最大的耻辱。

——《我们走那条路》

浅见的人在今日还攻击新教育的失败，但他们若平心想想旧教育是些什么东西，有些什么东西，就可以明白这二三十年的新教育，无论在量上或质上都比三十年前进步至少千百倍了。在消极方面，因旧教育的推倒，八股，骈文，律诗等等谬制都逐渐跟着倒了；在积极方面，新教育虽然还肤浅，然而常识的增加，技能的增加，文字的改革，体育的进步，国家观念的比较普遍，这都是旧教育万不能做到的成绩。

——《写在孔子诞辰纪念之后》

凡成为领袖人物的，固然必须有过人的天资做底子，可是他们的知识见地，做人的风度，总得靠他们的教育训练。一个时代有一个时代的"士大夫"，一个国家有一个国家的范式的领袖人物。他们的高下优劣，总都逃不出他们所受的教育训练的势力。某种范式的训育自然产生某种范型的领袖。

——《写在孔子诞辰纪念之后》

这许多原因（当然不限于这些），我们都不否认。但我要指出，这些种种原因都不够造成教育的破产。事实上，我们今日还只是刚开始试办教育，还只是刚起了一个头，离那现代国家应该有的教育真是去题万里！本来还没有"教育"可说，怎么谈得到"教育破产?"产还没有置，有什么可破？今日高唱"教育破产"的妄人，都只是害了我在上文说的"没有胃口"的病症。他们在一个时代也曾跟着别人喊着要教育，等到刚尝着教育的味儿，他们早就皱起眉头来说教育是吃不得的了！我们只能学耶稣的话来对这种人说："啊！你们这班信心浅薄的人啊！"

我要很诚恳的对全国人诉说：今日中国教育的一切毛病，都由于我们对教育太没有信心，太不注意，太不肯花钱。教育所以"破产"，都因为教育太少了，太不够了。教育的失败，正因为我们今日还不曾真正有教育。

——《教育破产的救济方法还是教育》

对于这三个根本原因，一切所谓"生活教育""职业教育"，都不是有效的救济。根本的救济在于教育普及，使个个学龄儿童都得受义务的（不用父母花钱的）小学教育；使人人都感觉那一点点的小学教育并不是某种特殊阶级的表记，不过是个个"人"必需的东西，——和吃饭睡觉呼吸空气一样的必需的东西。人人都受了小学教育，小学毕业生自然不会做游民了。

——《教育破产的救济方法还是教育》

中学教育和大学教育的许多怪现状，也不会是教育本身的毛病，也往往是这个过渡时期（从没有教育过渡到刚开始有教育的时期）不可避免的现状。因为教育太稀有,太贵;因为小学教育太不普及,所以中等教育更成了极少数人家子弟的专有品,大学教育更不用说了。

——《教育破产的救济方法还是教育》

今日中等教育与高等教育所以还办不好,基本的原因还在于学生的来源太狭,在于下层的教育基础太窄太小,(十九年度全国高中普通科毕业生数不满八千人,而二十年度专科以上学校一年级新生有一万五千多人!)来学的多数是为熬资格而来,不是为求学问而来。因为要的是资格,所以只要学校肯给文凭便有学生。因为要的是资格,所以教员越不负责任,越受欢迎,而严格负责的训练管理往往反可以引起风潮;学问是可以牺牲的,资格和文凭是不可以牺牲的。

——《教育破产的救济方法还是教育》

欲要救济教育的失败,根本的方法只有用全力扩大那个下层的基础,就是要下决心在最短年限内做到初等义务教育的普及。国家与社会在今日必须拼命扩充初等义务教育,然后可以用助学金和免费的制度,从那绝大多数的青年学生里,选拔那些真有求高等知识的天才的人去升学。受教育的人多了,单有文凭上的资格就不够用了,多数人自然会要求真正的知识与技能了。

——《教育破产的救济方法还是教育》

所以今日最可虑的还不是没有钱,只是我们全国人对于教育没有信心。我们今日必须坚决的信仰:五千万失学儿童的救济比五千架飞机的功效至少要大五万倍!

——《教育破产的救济方法还是教育》

在今日妄谈读经,或提倡中小学读经,都是无知之谈,不值得通人的一笑。

——《我们今日还不配读经》

最近一二十年中，学校废止了读经的功课，使得经书的讲授完全脱离了村学究的胡说，渐渐归到专门学者的手里，这是使经学走上科学的路的最重要的条件。

——《我们今日还不配读经》

中学国文的理想标准：

(1)人人能用国语(白话)自由发表思想，——作文，演说，谈话，——都能明白通畅，没有文法上的错误。

(2)人人能看平易的古文书籍，如《二十四史》、《资治通鉴》之类。

(3)人人能作文法通顺的古文。

(4)人人有懂得一点古文文学的机会。

——《中学国文的教授》

九、文学篇

中国传记文学第一个重大缺点是材料太少,保存的原料太少,对于被作传的人的人格、状貌、公私生活行为,多不知道;原因是个人的记录日记与公家的文件,大部分毁弃散佚了。这是中国历史记载最大的损失。

——《胡适演讲集》

谈到文学,杜工部、李太白的诗,固然是历史上的重要文学,应该懂得;然而当时老百姓的文学,也占同一的地位,所以也必懂得。李杜的东西,只能代表一般贵族的历史,并不能说含有充分的平民历史;老百姓自己的东西才是真正的平民历史。

——《胡适演讲集》

文字的改革能够彻底,非做到全国普遍的流行,和文学的内容充实不可,现在想要全国一致的以"语体文"为文学上惟一的工具,大家运用它来表达内心所蕴藏的思想、智识感情……,除了在学校里教科书要采用它外,并且在课外方面的读物,一切文学上的材料,都用"语体文"来做标准,用它去代替了古典文学的地位,能够这样地做到了这些工作,使"白话文"成为全国最通行的语言和文字。

——《胡适演讲集》

除了短篇传记之外,还有许多名字不叫传记。实际是传记文学的"言行录"。这些言行录往往比传记还有趣味。我们中国最早、最出名,全世界都读的言行录，就是《论语》。这是孔子一班弟子或者弟子的弟子，对于孔子有特别大的敬爱心，因而把孔子生平的一言一行记录下来，汇集而成的。

——《胡适演讲集》

白话文法，可以说是国语文法；在未讲白话文法之先，我们要问：什么是国语？

说到国语，多有一种误解，就是把注音当作国语；学好了注音，就是学好了国语。不知注音是促进国语的一种工具，他的作用，完全只在标明读音，使大家便于认识罢了。现在的方言，都有尽先补用国语的希望，却要具备两种资格：

第一，要在各种方言中通行最广；

第二，要在各种方言中文学的著作最多、最通行。

须有了这两种资格的方言，经过一定时期，就可尽先补用，完全国语。

——《胡适演讲集》

欧洲各国都有国语，却在四百年前，也都是方言，不能通行全国。首先用方言做小说、诗词、剧曲的是意国，因此就通行起来了意国的国语。在三百一十年前，美国中部的方言较为通行，于是有文学家把他拿来（做）小说剧曲，后来也成了实缺的国语。至于法德……也都用方言变成国语，合于上面的两种资格罢了。

——《胡适演讲集》

不但文人和政治家的传记值得读，就是科学家的传记也值得读。近代新医学创始人巴斯德（Pastur）的传记，是由他的女婿写的，也是一部最动人的传记。巴斯德是十九世纪中法国的化学家。

——《胡适演讲集》

二千五百年的中国文学史可以说有两个潮流：一个是读书人的士大夫文学潮流，一个是老百姓的平民文学潮流。

——《胡适演讲集》

中国文学史上总是有上下两层潮流，上层的潮流是古文，是作模仿的文学，下层的潮流随时由老百姓提出他的活的语言，作活的文学，譬如三百篇的《诗经》里，有一百篇都是民间的歌谣，我们可以断定它是活的语言，它把仇恨、情爱和吵架时的情感都表达出来。这种文学决不是要等学会了一种死的语言再来作的。

——《胡适演讲集》

想促进一种大同小异的国语，最重要的方法，就在统一文法合乎自然的条理。例如普通话说"来了"，官话却说"来了啦"，"了""啦"是同意的字，不如只用"了"字的好。又如"我吃饭"，不能说"饭吃我"，也不能"我饭吃"，或"吃我饭"，就是要他统一合于自然哩。

——《胡适演讲集》

《诗经》有十三国的国风，只没有楚风。在表面上看来，湖北这个地方，在《诗经》里，似乎不能占一个位置。但近来一般学者的主张，《诗经》里面是有楚风的，不过没有把它叫做楚风，叫它作《南》《召南》罢了。所以我们可以说：《周南》《召南》就是《诗经》里的"楚风"。

——《胡适演讲集》

我们说《周南》《召南》就是"楚风"，这有什么证据呢？这是有证据的。我们试看看《周南》《召南》，就可以找着许多提及江水、汉水、汝水的地方。像"汉之广矣""江之永矣""遵彼汝坟"这类的句子，想大家都是记得的。汉水、江水、汝水流域不是后来所谓"楚"的疆域吗？所以我们可以说《周南》《召南》大半是《诗经》里面的"楚风"了。

——《胡适演讲集》

实在讲起来，文学本没有什么新的旧的分别，不过因为作的人，表现文学，为时代所束缚，依此沿革下来，这种样子的作品就死了，无以名之，名之为旧文学。

——《胡适演讲集》

我们看文学，要看它的内容，有一种作品，它的形式上改换了，内容还是没有改，这种文学，还是算不得新文学，所以看文学，不能够仅仅从它的形式上、外表上看。这么一说，文学要怎样才能新呢？必定先要解放工具，文学之工具，是语言文字，工具不变，不得谓之新，工具解放了，然后文学的内容，才容易活动起来。

——《胡适演讲集》

有一班人以为白话文学是为普及教育的。那班失学的人们以及儿童，看那些文言文不懂，所以要提倡白话，使他们借此可以得着知识，因为如此，所以才用白话文，但是这不过是白话文学最低限度的用途，大家以为我们为普及教育为读书有兴趣，为容易看懂而提倡白话文学，那就错了，未免太小视白话文学了，这种种并不是新文学运动之真意义。

——《胡适演讲集》

一般的人，把社会分成两个阶级，一种是愚妇顽童稚子，其他一种是知识阶级，如文人学士、绅士官吏。作白话文是为他们——愚夫愚妇，顽童稚子——可以看而作，至于智识阶级者，仍旧去作古文，这种看法，根本的错误了，并不是共和国家应有的现象。

——《胡适演讲集》

白话是活的，用白话去作，成绩一定好，死文字不能产生活学。要创造活文学，所以就要用白话。

由上看来，新文学之运动，并不是由外国来的，也不是几个几年来提倡出来的，白话文学之趋势，在二千年来是在继续不断的，我们运动的人，不过是把二千年之趋势，把由自然变化之路，上了人工，使得快点而已。

这样说来，新文学运动是中国民族的运动，我们对之，应当是相当的敬爱。

——《胡适演讲集》

新文学之运动，并不是一人所提倡的，也不是最近八年来提倡的，新文学之运动是历史的，我们少数人，不过是承认此种趋势，替它帮忙使得一般人了解罢了。不明白新文学运动是历史的，以为少数借着新文学出风头的人们，现在听了我这话，也可了解了，新文学运动，决不是凭空而来的，决不是少数人造得起的。

——《胡适演讲集》

有一班人以为古文是雅的，白话文学是民间的、粗俗的、退化的，这一层我们现在也不得不说明一下子。

我们要晓得在二千年之中，那时候的小百姓，我们的老祖宗，就已经把我们的语言改良了不少，我们的语言，照今日的文法理论上讲起来，最简单最精明，无一点不合文法，无一处不合论理，这是世界上学者所公认的。不是我一个人恭维我们自己。中国的语言，今日在世界上，为进化之最高者，因为在二千年里头。那班文人学士，不去干涉匹夫匹妇的说话，语言改革，与小百姓有最大的关系，那班文人硕士，反是语言改革上最大的障碍物。

——《胡适演讲集》

古文变化，甚觉讨厌，如"我敬他"为"吾敬之""我爱他"为"吾爱之，"至于说没有看见他，又变作"未之见也"，小学生读书作文时，如果写一句"未见之也"，先生一定要勾上来作"未之见也"，问他是什么原因，他也讲不出来，只说古人是这样做的，这般老先生们，不晓得文法，只晓得摹仿；那般小百姓，他们只讲实在，求方便，直名之曰，"我打他"，"他打我"都可以，至于在文言上"吾打之"则可，如用"之打吾"那就不通了，小百姓把代名词变化取消，主格与目的格废掉，因此方便得许许多多了。

——《胡适演讲集》

诸位！近四十年来，在事实上，中国的文学多半偏于考据，对于新文学殊少研究，以我专从事研究学术与思想的人去讲文学，颇觉不当，但"既来之，则安之"，所以也不得不说几句话。我觉得文学有三方面：一是历史的，二是创造的，三是鉴赏的。历史的研究固甚重要，但创造方面更是要紧，而鉴赏与批评也是不可偏废的。

——《胡适演讲集》

新文学的来路，也有两条：

一、就是民间文学，如现今大规模地搜集民间歌谣故事等；帮助新文学的开拓，实非浅鲜。

二、除印度外，即为欧洲文学，我们新的文学，受欧洲影响极大，欧洲文学，最近两三百年如诗歌、小说等皆自民间而来，第一流人物，把这种文学看作专门事业，当成是一种极高贵的、极有价值的终身职业，他们倡导文学的是极有名的人，如华兹华斯（WilliamWordsworth 1770—1850）、莫泊桑（Maupassant 1850—1893）等等都是倡导文学的第一等人材，他们的文学并非由外传染，而是由内心的创造，他们是重视文学的，有这种种缘故，所以才能产生出伟大的作品。我们的新文学，现在我们才知道有所谓自然主义、浪漫主义、写实主义、象征主义、心理分析，……种种派别之不同，并非小道可比，这是我们受了西洋文学的洗礼的结果。

——《胡适演讲集》

文学史是有两种潮流，一种是只看到上层的一条线，一种是下层的潮流。下层潮流，又有无数的潮流，这下层的许多潮流，都会影响到上层去，上层文学是士大夫阶级的，他是贵族的、守旧的、保守的、仿古的、抄袭的，这种文学，我们就是不懂也没要紧。我们要懂中国整个文学史，必要从某时代的整个潮流去看，现在的文学史是比前时代扩大了，是由下层许多暗潮中看出来。

——《胡适演讲集》

老百姓的文学是真诚朴素的，它完全是不加修饰的，自由的，从内心中发出各种的歌曲，例如：唐诗楚辞，汉之乐府，其内容无一不是老百姓中得来，所有文学，不过经文人之整理而已。尤其是每一时代之新文学，如五言、七言、词曲、歌谣、弹词、白话散文等，都是来自民间。

——《胡适演讲集》

学的新花样皆从老百姓中得来。所谓文学潮流的新花样的形成，是经过四个时期：

第一时期是老百姓创作时期，与上层是毫无关系。在创作时期，是自由的，富于地方个人等特别风味，他是毫不摹仿，而是随时随地的创作时期。

第二时期是从下层的创作，转移到上层的秘密过渡时期，当着老百姓的创作已经行了好久，渐渐吹到作家耳中，挑动了艺术心情，将民间盛行之故事、歌谣、小说等，加以点缀修改，匿名发行，此风一行，更影响到当代之名作家，由民间已传流许久之故事等，屡加修正、整理，于是风靡当世，当代文学潮流，为之掀动。

第三时期则因上等作家对新花样文学之采用,遂变成了正统文学中之一部分。

第四时期则为时髦时代,此时已失去了创作精神,而转为专尚摹仿,因之花样不鲜,而老百姓却又在创作出新的。

——《胡适演讲集》

大凡每一时期的潮流的到来,都是经过一极长的创作时期,例如《水浒传》、《西游记》等曾风行一时,而创作者更出多人之手,种类繁多,由此可知现行文学,皆由长时蜕化而来,所以我们必须以历史进化的眼光来看历史,由此可以得到以下三点教训:

(一)老百姓从劳苦中不断的创作出新花样的文学来,所谓"劳苦功高",实在使我们佩服。

(二)有些古人高尚作家不受利欲熏诱,本艺术情感之冲动,忍不住美的文学之激荡,具脱俗、牺牲之精神。如施耐庵、曹雪芹之流,更应使我们钦佩。因为老百姓的作品,见解不深,描写不佳,暴露许多弱点,实赖此流一等作家完成之也。

(三)文学之作品,既皆从民间来,固云幸矣,然实亦幸中之大不幸,因为民间文学皆创之于无知无识之老百姓,自有许多幼稚、虚幻、神怪、不通之处,并且这种创作已经在民间盛行了好久,才影响到上层来,每每新创作被埋没下去,在西洋文学之创作权,概皆操之于作家之手,而中国则操之于民间无知之人,所以我说是幸中之不幸。深望知识阶级,负起创作文学之任务。

——《胡适演讲集》

所谓"中国文艺复兴",许多人以为是一个文学的运动而已;也有些人以为这不过是把我国的语文简单化罢了。可是,它却有一个更广阔的含义。它包含着给予人们一个活文学,同时创造了新的人生观。它是对我国的传统的成见给予重新估价，也包含一种能够增进和发展各种科学的研究的学术。检讨中国的文化的遗产也是它的一个中心的功夫。

——《胡适演讲集》

中国的文艺复兴，不是徒然采用了活的文字来做教育的工具，同时是做一切的文学作品的工具的一种运动。因为白话文普遍化，大众都懂得，所以执政者，以至于其党，都利用它来做宣传的工具了。

大约二千年前，汉朝有一个大臣向皇帝上一张奏说，那些以经典般的文字写成的谕旨和法律，不但百姓们看不懂它，就是奉行它的官吏们也读不懂它。结果，就因此采行了科举制度了。政府只会奖励那些熟识经学的读书人，对那些熟读一两部经的，能够背诵和写下全部经文而没有错的人就赏赐官衔，后来甚至给以爵禄。于是，中国的读书人便穷年累月地去求熟读"四书五经"了。当时，读书人仅占人数的很小部分而已。能够考取科名的，又更加少了。可是，他们是不惜花费了一生的精力来求熟习这死文学的。

——《胡适演讲集》

简而言之，中国文学有史以来有两个阶层：(1)皇室、考场、宫闱中没有生命的模仿的上层文字；(2)民间的通俗文字，特别是民谣、通俗的短篇故事与伟大的小说。

——《胡适演讲集》

我们公开承认白话是文学上一个美丽的媒介，在过去一千年中，特别是近五百年中它已产生了一种活的文学，并且是创造与产生现代中国文学的一个有效的工具。

这一运动——一般称为文学革命，但是我个人愿意将它叫作"中国的文艺复兴"——是我与我的朋友在1915、1916与1917年在美国的大学的宿舍中所发起的。直到 1917 年，这一运动才在中国发展。

——《胡适演讲集》

有人说古文废弃了，就没有统一的工具，而我们这三四十年来所做到的，正是把已经有的白话文拿来做教育统一、文学统一、政治统一、文化统一的活的工具。现在一般守旧的人不知道他们守旧的顽固的行为和主张，往往妨碍了许多进步，而且打击我们毁坏我们三四十年来所提倡的文学革命的一点意义。

——《胡适演讲集》

早在印度、米苏波达米亚、地中海地区与东亚人类智慧与文化成熟的辉煌时代。中国人民已有很高的文化发展，其程度足与当时世界任何地区的任何文化相媲美。

但是古代中国文化并非没有严重的缺点。缺点之一是缺少一种字母来写出日用的语言。

这一差强人意的特征是中国文化极端的单纯与规律——这可能是古代人民能够仅有一种书用文字，没有受益于字母的便利，而能相处自得的主要原因。

——《胡适演讲集》

我们公开承认白话是文学上一个美丽的媒介，在过去一千年中，特别是近五百年中它已产生了一种活的文学，并且是创造现代中国文学的一个有效的工具。

——《胡适演讲集》

今日欲救旧文学之弊，须先从涤除"文胜"之弊入手。今日之诗，(南社之诗即其一例)徒有铿锵之韵，貌似之辞耳。其中实无物可言。其病根在于重形式而去精神,在于以文 form 胜质 matter。诗界革命,与文届革命正复相同,皆当从三事入手:第一,须言之有物;第二,须讲求文法(大家之诗无论古诗、律诗皆有文法可言);第三,当用"文之文字"时,不可故意避之。三者皆以质救文之弊也。

——《致任鸿隽》

今日欲为祖国造新文学,宜从输入西欧名著入手,使国中人士有所取法,有所观摩,然后乃有自己创造之新文学可言也。

——《致陈独秀》

吾绝对不认"京调高腔"与"陶、谢、李、杜"为势不两立之物。今且用足下之文字以述吾梦想中文学革命之目的曰:(一)文学革命的手段,要令国中之陶、谢、李、杜敢用白话京调高腔作诗。要令国中之陶、谢、李、杜皆能用白话京调高腔作诗。(二)文学革命的目的,要令中国有许多白话京调高腔的陶、谢、李、杜。要令白话京调高腔之中,产出几许陶、谢、李、杜。(三)今日决用不着"陶、谢、李、杜"的陶、谢、李、杜。若陶、谢、李、杜生于今日,仍作陶、谢、李、杜当日之诗,则决不能更有陶、谢、李、杜当日的价值的影响。何也?时代不同也。(四)吾辈生于今日,与其作不能行远,不能普及的《五经》、两汉、六朝、八家文字,不如作家喻户晓的《水浒》《西游》文字。与其作似陶、似谢、似李、似杜的诗,不如作不似陶、不似谢、不似李杜的白话诗。与其作一个作"真诗",走"大道",学这个,学那个的陈伯严、郑苏龛,不如作一个实地试验,"旁逸斜出","舍大道而弗由"的胡适。此四条,乃适梦想中文学革命之宣言书也。

——《致任鸿隽》

年来思虑观察所得,以为今日欲言文学革命,须从八事入手。八事者何?

一曰，不用典。

二曰，不用陈套语。

三曰，不讲对仗。（文当废骈，诗当废律）

四曰，不避俗字俗语。（不嫌以白话作诗词）

五曰，须讲求文法之结构。

此皆形式上之革命也。

六曰，不作无病之呻吟。

七曰，不摹仿古人，语语须有个我在。

八曰，须言之有物。

此皆精神上之革命也。

——《致陈独秀》

　　古来作词者，仅有几个人能深知音律。其余的词人，都不能歌。其实词不必可歌。由诗变而为词，乃是中国韵文史上一大革命。五言七言之诗，不合语言之自然，故变而为词。词旧名长短句。其长处正在长短互用，稍近语言之自然耳。即如稼轩词：

　　落日楼头，断鸿声里，江南游子，把吴钩看了，阑干拍遍，无人会，登临意。

　　此决非五言七言之诗所能及也。故词与诗之别，并不在一可歌而一不可歌，乃在一近言语之自然而一不近言语之自然也。作词而不能歌之，不足为病。正如唐人绝句大半可歌，然今人不能歌亦不妨作绝句也。

——《答钱玄同》

　　我的意思以为改诗是很不容易的事，我自己的经验，诗只有诗人自己能改的，替人改诗至多能贡献一两个字，很不容易。为什么呢？因为诗人的"烟士披里纯"是独一的，是个人的，是别人很难参预的。我想做过诗的人大概都能承认我这话。

——《致张乐莘》

文字学须从字音一方面入手,此乃清儒的一大贡献,从前那些从"形"下手的人(如王荆公)大半都是荒谬。自从清代学者注重音声假借、声类通转以后,始有"科学的文字学"可言。章太炎的《国故论衡》上卷最宜先看,然后看他的《文始》。若有顾炎武、江永、戴震、段玉裁、孔广森、钱大昕诸人之书,亦可参看(沈兼士之说没有什么意思)。

——《致胡近仁》

我们著书作事,但求"空前",不妄想"绝后"。但近年颇中清代学者的毒,每得一题,不敢轻易下笔。将来当力改之,要以不十分对不住读者的期望为标准。

先生对于我那篇匆促做成的序文,竟肯加以辩正,并蒙采纳一部分的意见,这是先生很诚恳的学者态度,敬佩敬佩。

——《致梁启超》

适每谓吾国散文中最缺乏诙谐风味,而最多板板面孔说规矩话。因此,适作文往往喜欢在极庄重的题目上说一两句滑稽话,有时不觉流为轻薄,有时流为刻薄。在辩论之文中,虽有时亦因此而增加效力,然亦往往因此挑起反感。如此文自信对于先生毫无恶意,而笔锋所至,竟蹈刻薄之习,至惹起先生"嫌怨"之疑,敢不自省乎?

——《答梁漱溟》

我看了你的长信我很高兴。我从前看了你做的小说,就知道你的为人。你那种"谨慎勤敏"的行为,就是我所谓"不苟且"。古人所谓"执事敬"就是这个意思。你有此美德,将来一定有成就。

——《致罗尔纲》

(投稿被退同)虽然育时是主笔先生瞎了眼,但我们自己总以自省和自责为最有益的态度,受一回挫折,应该加一番功夫,总要使我们自己的文学和思想都有长进。不可但责人,你的文字还缺少磨炼,还芜杂不干净,还有许多浮辞不扼要的话。求人不如求己。世间无有"登龙术",若有,只是这一句话。

——《致吴奔星》

文学者,随时代而变迁者也。一时代有一时代之文学,……各因时势风会而变,各有其特长。……唐人不当作商周之诗,宋人不当作相如子云之赋,即令作之,亦必不工。逆天背时,故不能工也。……今日之中国,当造今日之文学。(《文学改良刍议》二)

——《中国新文学运动小史·(中国新文学大系)第一集的(导言)》

我回想起来,若没有那一班朋友和我讨论,若没有那一日一邮片,三日一长函的朋友切磋的乐趣,我自己的文学主张决不会经过那几层大变化,决不会渐渐结晶成一个有系统的方案,决不会慢慢地寻出一条光明的大路来。况且那年(1916)的3月间,梅觐庄对于我的俗话文学的主张,已很明白地表示赞成了(看上文引他的3月19日来信)。后来他们的坚决反对,也许是我当时的少年意气太盛,叫朋友难堪,反引起他们的反感来了。就使他们不能平心静气地考虑我的历史见解,就使他们走上了反对的路上去。但是因为他们的反驳,我才有实地试验白话诗的决心。庄子说得好:"彼出于是,是亦因彼。"一班朋友做了我多年的"他山之错",我对他们,只有感激,决没有丝毫的怨望。

——《中国新文学运动小史·逼上梁山:文学革命的开始》

我曾用最浅近的话说明如下:"文学有三个要件:第一要明白清楚,第二要有力能动人,第三要美。"

——《什么是文学:答钱玄同》

但是我总想对国内有志作好文章的少年们说两句忠告的话。第一，做文章是要用力气的。第二，在现时的作品里，应该拣选那些用力气做的文章做样子，不可挑那些一时游戏的作品。

——《整理国故与"打鬼"：给浩徐先生信》

讽刺小说之降为谴责小说，固是文学史上大不幸的事。但当时中国屡败之后，政制社会的积弊都暴露出来了，有心的人都渐渐肯抛弃向来夸大狂的态度，渐渐肯回头来谴责中国本身的制度不良，政治腐败，社会龌龊。故谴责小说虽有浅薄、显露、溢恶种种短处，然他们确能表示当日社会的反省的态度，责己的态度。这种态度是社会改革的先声。人必须自己承认有病，方才肯延医服药。故谴责小说暴扬一国的种种黑暗，种种腐败，还不失为国家将兴，社会将改革的气象。

——《〈官场现形记〉序》

中国人终是一个夸大狂的民族，反省的心理不久就被夸大狂的心理赶跑了。到了今日，人人专会责人而不肯责己，把一切罪状都堆在洋鬼子的肩上；一面自己夸张中国的精神文明，礼义名教，一面骂人家都是资本主义。帝国主义，物质文明！在这一个"讳疾而忌医"的时代，我们回头看那班敢于指斥中国社会的罪恶的谴责小说家，真不能不脱下帽子来向他们表示十分敬意了。

——《〈官场现形记〉序》

一个倜傥不羁的才士，一个很勇于事功的政客，到头来却只好做一部小说来寄托他的感情见解，来代替他的哭泣。这是一种很可悲哀的境遇，我们对此自然都有无限的同情。所以我们读《老残游记》应该先注意这书里发挥的感情见解，然后去讨论这书的文学技术。

——《〈老残游记〉序》

清儒戴东原曾指出，宋明理学的影响养成一班愚陋无用的理学先生，高谈天理人欲之辨，自以为体认得天理。其实只是意见；自以为意见不出于自私自利便是天理，其实只是刚愎自用的我见。理是客观的事物的条理，须用虚心的态度和精密的方法，方才寻得出。不但科学家如此，侦探访案，老吏折狱，都是一样的。古来的"清官"，如包拯之流，所以能永久传诵人口，并不是因为他们清廉不要钱，乃是因为他们的头脑子清楚明白，能细心考查事实，能判断狱讼，替百姓申冤理枉。如果"清官"只靠清廉，国家何不塑几个泥像，雕几个木偶，岂不更能绝对不要钱吗？一班迂腐的官吏自信不要钱便可以对上帝，质鬼神了，完全不讲求那些搜求证据、研究事实、判断是非的法子与手段，完全信任他们自己的意见，武断事情，固执成见，所以"小则杀人，大则误国"。

——《〈老残游记〉序》

清朝的学者读书最博，离开平民也最远。清朝的文学，除了小说之外，都是朝着"复古"的方面走的。他们一面做骈文，一面做"词的中兴"的运动。陈其年、朱彝尊以后，二百多年之中很出了不少的词人。他们有学《花间》的，有学北宋的，有学南宋的，有学苏、辛的，有学白石、玉田的，有学清真的，有学梦窗的。他们很有用全力做词的人，他们也有许多很好的词，这是不可完全抹杀的。然而词的时代早过去了。过去了四百年了。天才与学力终归不能挽回过去的潮流。三百年的清词，终逃不出模仿宋词的境地。所以这个时代可说是词的鬼影的时代；潮流已去，不可复返，这不过是一点之回波，一点之浪花飞沫而已。

——《〈词选〉自序》

这部《词选》专表现第一个大时期。这个时期，也可分作三个段落。

(1)歌者的词；

(2)诗人的词；

（3）词匠的词。

苏东坡以前，是教坊乐工与娼家妓女歌唱的词；东坡到稼轩、后村，是诗人的词；白石以后，直到宋末元初，是词匠的词。

——《〈词选〉自序》

《花间集》五百首，全是为娼家歌者作的，这是无可疑的。不但《〈花间集〉序》明明如此说，即看其中许多科举的鄙词，如《喜迁莺》《鹤冲天》之类，便可明白。此风直到北宋盛时，还不曾衰歇。柳耆卿是长住在娼家，专替妓女乐工作词的。晏小山的词集自序也明明说他的词是作了就交与几个歌妓去唱的。这是词史的第一段落。这个时代的词有一个特征：就是这二百年的词都是无题的。内容都很简单，不是相思，便是离别，不是绮语，便是醉歌，所以用不着标题；题底也许别有寄托，但题面仍不出男女的艳歌，所以也不用特别标出题目。南唐李后主与冯延巳出来之后，悲哀的境遇与深刻的感情自然抬高了词的意境，加浓了词的内容；但他们的词仍是要给歌者去唱的，所以他们的作品始终不曾脱离平民文学的形式。北宋的词人继续这个风气，所以晏氏父子与欧阳永叔的词都还是无题的。他们在别种文艺作品上，尽管极力复古，但他们作词时，总不能不采用乐工娼女的语言声口。

这时代的词还有一个特征：就是大家都接近平民的文学，都采用乐工娼女的声口，所以作者的个性都不充分表现，所以彼此的作品容易混乱。冯延巳的词往往混作欧阳修的词；欧阳修的词也往往混作晏氏父子的词。（周济选词，强作聪明，说冯延巳小人，决不能作某首某首《蝶恋花》！这是主观的见解；其实"几日行云何处去"一类的词可作忠君解，也可作患得患失解。）

——《〈词选〉自序》

故我对于刘先生的打鬼精神虽然很佩服，但我总觉得鬼的猖獗是由于人的不努力，鬼话文学的继续存在是因为人话文学的实力还不够打倒那残余的鬼话文学。只有真有价值真有生命的人话文学才可以服人之口，服人之心；如赤日当空，一切鬼影都自然消灭了。

——《跋〈白屋文话〉》

但崇拜英雄的风气在中国实在最不发达。我们对于死去的伟大人物，当他刚死的时候，也许送一副挽联，也许诌一篇祭文。不久便都忘了！另有新贵人应该逢迎，另有新上司应该巴结，何必去替死人陈算烂账呢？所以无论多么伟大的人物，死后要求一篇传记碑志，只好出重价向那些专做谀墓文章的书生去购买！传记的文章不出于爱敬崇拜，而出于金钱的买卖，如何会有真切感人的作品呢？

——《〈南通张季直先生传记〉序》

传记的最重要条件是纪实传真，而我们中国的文人却最缺乏说老实话的习惯。对于政治有忌讳，对于时人有忌讳，对于死者本人也有忌讳。圣人作史，尚且有什么为尊者讳，为亲者讳，为贤者讳的谬例，何况后代的谀墓小儒呢！故《檀弓》记孔氏出妻，记孔子不知父墓，《论语》记孔子欲赴佛肸之召，这都还有直书事实的意味，而后人一定要想出话来替孔子洗刷。后来的碑传文章，忌讳更多，阿谀更甚，只有歌颂之辞，从无失德可记。偶有毁谤，又多出于仇敌之口，如宋儒诋诬王安石，甚至于伪作《辩奸论》，这种小人的行为，其弊等于隐恶而扬善。故几千年的传记文章，不失于谀颂，便失于诋诬，同为忌讳，同是不能纪实传信。

——《〈南通张季直先生传记〉序》

六朝唐人的无数和尚碑传。其中百分之九十八九都是满纸骈俪对偶，读了不知道说的是什么东西。直到李华、独孤及以下，始稍稍有可读的碑传。但后来的"古文"家又中了"义法"之说的遗毒，讲求字句之古，而不注重事实之真,往往宁可牺牲事实以求某句某字之似韩似欧!硬把活跳的人装进死板板的古文义法的烂套里去,于是只有烂古文,而决没有活传记了。

——《〈南通张季直先生传记〉序》

十、语言篇

中国语实在是世界上各种言语（包含了英语）中最简易的一种。很不幸，英国语老早就写了下来，和印了出来，以致现在有强动词和弱动词（Strong verbs & Weak verbs）的分别及其他许多的文法的成例而没法除去。反之，中国的语文是单易而清楚，因为它没有阻碍地经过二千多年的洗炼和改良。直到现在成了完美的阶段，所以孩子们仆役们说来的时候也丝毫没有文法上的错误。外国的小孩子在中国生长，许多先学会了中国语才学会他自己的国语便是中国语的简易的例证。

——《胡适演讲集》

用活的语言作文学的语言，才可使语言变成教育的工具。这都是业余的讨论。后来讨论的结果，小说有许多是白话的，大家并且承认戏曲里面也有白话，如"尼姑思凡"就是。但是都说诗不能用白话，地道的文也不能用白话，最困难的是诗的问题。

——《胡适演讲集》

何以在过去这种文字的改革不能成功？最大的原因是当时社会环境还实行科举制度，将社会划分了两个阶级，一方面是上层阶级，有智识的、做官的；而又一方面是下层阶级的民众，拉车的、卖豆腐的、缝纫的……。

——《胡适演讲集》

上层文学是古文的，下层文学是老百姓的，多半是白话的。例如乐府,就是老百姓唱的民歌,后来成为模范文学,甚至于政府也不能不采用。此后无论哪一个时代文学均分为上下两层,上层的是无价值的,是死的,下层的是活的,有生命、有力量。过去没有人以这种眼光来看文学。上层文学虽然不能说没有好的,但是诸君所背诵的诗、词、曲,好的大半是白话或近于白话的。

——《胡适演讲集》

凡是一国国语必须具备两个条件:国语多起源于方言,所以必须流通最远、范围最广,说的人最多;必需曾产生大量的文学。以意大利、法国、德国、英国而言,他们的国语都是具备这两个条件的,我国流传最广的就是官话,外国人以为我们中国方言多,殊不知他们所接近的是我国沿海的地方,如广州、厦门、上海,除了这些地方以外,国内大部分地区都是以官话为标准的。试从极东北的哈尔滨,画一条斜线直到昆明,四千多里长的一条线上,任何人沿此线旅行无需乎改话。云南、贵州、四川的官话,都是标准国语。以面积而言,全国90%为官话区,10%为方言区,以人口言,全国75%的人说官话,25%的人说方言,这是因为东南沿海人口较密的原故。

——《胡适演讲集》

所谓国语,不是以教育部也不是以国音筹备会所规定的作标准,而是要文学作家放胆的用国语做文学,有了国语的文学,自然有文学的国语。后来的文艺都是朝这个方向走的。

——《胡适演讲集》

在活的语言里找材料,当初我们提倡国语文学时,在文字上,口说上都说得很清楚,所谓"国语的文学",我们不注重统一,我们说得很明白:国语的语言——全国语言的来源,是各地的方言,国语是流行最广而已有最早的文学作品。就是说国语有两个标准，一是流行最广的方言，一是从方言里产生了文学。

——《胡适演讲集》

一种方言，不知不觉产生一种文章，有了文章，所以地位很高，流行很广。英、法、德、意的国语，就是这样产生的。所以不要太严格，不一定要说北京话。不一定要读某一种音，才是标准的国语。发音，也不必要求太严格，例如，"我"读儿"ㄜ"可以，读"ㄨㄛˇ"也可以。

方言，我看是没有方法消灭的，听他自然的好。英国这个进步的国家，地方很小，人口也只有4000万，交通方便，教育发达，可是他还有几十种语言，方言更多，有二百多种。所以我认为不要禁止儿童说方言，只要他毕业以后，能够用国语就行了。

——《胡适演讲集》

我们若从语言文字发展的历史来看，更可以知道《论语》是一部了不得的书。它是二千五百年来，第一部用当时白话所写的生动的言行录。从《论语》以后，我们历史上使人崇拜的大人物的言行，用白话文记录下来的，也有不少。

——《胡适演讲集》

得来的一种教训，一种历史的教训。中国每一个文学发达的时期，文学的基础都是活的文字——白话的文字。但是这个时期过去了，时代变迁了，语言就慢慢由白话变成了古文，从活的文字变成死的文字，从活的文学变成死的文学了。因为一般人的专门仿古，那个时代的文学就倒霉了、衰弱了。又一个新的时代起来，老百姓又提出一个新的材料、新的方式、新的工具，这样，文学就起了一个新的革命。

——《胡适演讲集》

15就是320000000多人。全世界很少有这么大的区域的人讲相同的语言。所以我们的老祖宗已经为我们准备了好的语言,在几年当中,官话经过大家的提倡,政府的改革,变成了现在的国语,国语就是全中国90%的区域,75%的人口所说的话。

——《胡适演讲集》

凡是一种方言能够变成国家的统一语言,必须有三个条件作基础。

第一,必须是广大民众所说的话。

第二,最好是这种语言能够产生文学,可以写定教本,印成书,

第三,我们讲的话是世界上最简单、最规则、最容易学的一种语言,诸位学外国文字的时候才知道学欧洲文字的麻烦,比如说这是一个杯子,还要想想是男的还是女的,说一枝花还要想想是阳性还是阴性,一个人也要看是男的还是女的,文字上分性是最不方便最没有道理的。此外还有数目和时间的变化,语尾的变化,世界上变化复杂的文字都在慢慢把这些变化丢掉,现在英国的文字在西方文字当中要算最简单的,因为英国是几个民族混合起来的。把许多语尾的变化和文法上麻烦的东西都去掉了。所以世界上最容易学的语言是中国的语言,其次,比较合理的是丢掉那些欧洲语言中的复杂东西的英文。

——《胡适演讲集》

在孔孟时代(前550—前350),中国文学上诗与散文的发展盛极一时,这种文学的形式,无可怀疑的,根据当时所用的语言写成。孔子的《论语》,以及老子与孟子的著作与古代所遗留下来的哲学与文学作品,也多多少少代表了当时所用的语言。

可是这种古代的文字在20世纪以前,中国变成一个统一的帝国的时候,却成了一个死的,至少是半死的文字。

这一地区辽阔的统一的帝国,在遍及境内纵横的官方通讯交通中,需要一个共同的(古文作)媒介。

——《胡适演讲集》

22个世纪的统一帝国与20个世纪的文官考试共同维持了一个死去的文字,使它成为一个教育的工具,合法与官用的交通、与文学上——散文与诗——颇为尊重的媒介。

——《胡适演讲集》

简而言之,中国文学有史以来有两个阶层:一是皇室、考场、宫闱中没有生命的模仿的上层文字;二是民间的通俗文字,特别是民谣、通俗的短篇故事与伟大的小说。

这些写下的伟大的短篇故事与小说印成巨册——其中有一些在近数百年以来一直是销路最佳的作品。

这些伟大的故事与小说成了学习标准日用语言(白话)的教师。

——《胡适演讲集》

近十余年来,白话文的提倡,所以先从这一点下手,打破"我们"和"他们"的区分,彼此合一。我们觉得中国须有"新文学",我们觉得白话文是"活的语言",我们为要打破社会的歧视,所以无论是诗歌,小说,戏剧,传记,……都用白话文来写,而过去有价值的白话作品,更使在社会有机会发扬光大,无论社会的上下层,大家都对白话文发生好感,并且在生活上去应用,是这样,文学才可以改革。而近十余年以来,我们都在从事这种工作。

——《胡适演讲集》

白话文的"白话"和在两粤通俗所谓"白话"的意义,颇有不同。在两广说到"白话",意思就是指"广话"而言,这里面也有一个来源的:因为在从前表演粤戏的时候,舞台上表演的人,一方面是"唱",一方面是"白",所谓"白"就是"道白","道白"都是用"广话",这在大众听起来,"唱"的有时不会懂得,却是"道白"的,往往听得清清白白,所以"广话"又叫做"白话",但是在白话文所谓的"白话",其意和"普通话(或叫官话)"相同,我国全国为同一的民族,是应该有同一的语言,这就是所谓"国语"。至于凡是可称做"国语文"的,必须具有两种条件:第一是全国流行最广,大家最容易懂得的方言,第二,要有写作的形式之标准,使大众易学易教。这几乎是全世界相同的道理,好像从前欧洲西部多用拉丁文字,但到现在,意大利就用意大利的语言文字,法兰西有法语法文,英国和德国也有其国语国文。但是意大利、法兰西、英、德等国,其国语的成文,也不外上述这两个条件,即要在全国流行最广和有其写作的形式。

——《胡适演讲集》

在中国,语言方面流行最广的就是"白话"或叫"官话",又叫"普通话",我们试一看丁文江和翁文灏所制的《中国语言分布图》,我们就知道"普通话"在中国流行范围的广大,从北到俄边哈尔滨,山东三省而万里长城,长江一带,南到与安南毗连的云、贵;从东边南京起到西边的四川止,我们统观中国东南西北这一个大区域,那么包括了东北三省,黄河流域,长江流域(江苏一部),云南、贵州和广西的一部,所以"普通话"流行的地方,在我国本部占90％以上,各处流行的"普通话",虽然未尝没有多少出入,但是大同小异,都可以说是"普通话"。

——《胡适演讲集》

至于我国的方言,口中所讲的语言,能够表现写作形式的,共有三种:一是广东话即粤语,在文艺上有相当价值的写作,就是"粤讴",二是苏州话即吴语,吴人常将口中的言语记载而成戏曲、说白、和小说;三是北方官话,这种语言所产生的文学作品很多,好像《红楼梦》《三国志》《西厢记》《封神榜》等。是从三四百年以前一直流传到现在,为我国社会上最通俗的小说,几乎个个都读,一提起来个个都知道,所以在写作的形式来讲当然也以普通话为最佳。

——《胡适演讲集》

在广话和吴话的写作形式,因为有许多地方并不流行,而且在写作形式中有许多文字缺乏,不符生活上的应用,后来自行创定,音声使与方言一致,好像"没有"粤语写作"乜","嘅"粤语写作"咁",这样自制的新字,在粤语中很多很多,不下百十个,同时在吴语也是陷于同一的情状,为使"语"与文一致,也创制了好些新字,好像"不要"吴语写作"覅"(勿旁),"不曾"吴语写作"朆"(勿旁),诸如此类的不少,在官话中,从前"这个"的"这"字是没有的。

——《胡适演讲集》

讲翻译,这便是一个例证。我们希望"国语文"成为全国的教育和宣传的工具,同时它也就是统一全国应该着手的初步工作,记得当我们提倡"白话文"的时候,曾引起了社会上许多的人士反对,但是一种思想、言论、主张,固然恐怕没有人们赞同,更怕没有人家反对,最怕人家不声不响地放到字纸篓去。新的文字,活的语言,在这个时代已经是非常地需要着它,所以从民国八年以来,越是反对和宣传,就是像广告一般的越是传播,唤起了全国的注意,而反时代的旧文学日渐没落,新文学的内容越渐充实,利用日增,造成了中国文学历史上的再生时期,给予社会各方面以一种复活的影响。

——《胡适演讲集》

白话之能不能作诗,此一问题全待吾辈解决。解决之法不在乞怜古人，谓古之所无今比不可有，而在吾辈实地试验。一次"完全失败"，何妨再来？若一次失败，便"期期以为不可"，此岂"科学的精神"所许乎？

——《答任鸿隽》

我此时练习白话韵文，颇似新习一国语言，又似新辟一文学殖民地。可惜须单身匹马而往，不能多得同志，结伴同行。然吾去志已决。公等假我数年之期，倘此新国尽是沙碛不毛之地，则我或终归老于"文言诗国"，亦未可知。倘幸而有成，则辟除荆棘之后，当开放门户迎公等同来莅止耳。"狂言人道臣当烹，我自不吐定不快，人言未足为重轻。"足下定笑我狂耳。

——《答任鸿隽》

我常说："语言文字都是人类达意表情的工具；达意达的好，表情表的妙，便是文学。"

但是怎样才是"好"与"妙"呢？这就很难说了。我曾用最浅近的话说明如下："文学有三个要件：第一要明白清楚，第二要有力能动人，第三要美。"

——《致钱玄同》

白话不是只配抛给狗吃的一块骨头，乃是我们全国人都该赏识的一件好宝贝。

——《五十年来中国之文学》

若要使白话运动成功，我们必须根本改变社会上轻视白话的态度。

——《所谓"中小学文言运动"》

若要造国语，必须造国语的文学。有了国语的文学，自然有国语。

……真正有功效有势力的国语教科书便是国语的文学，便是国语的小说诗文剧本。……中国将来的新文学用的国语，就是将来的标准国语。

——《所谓"中小学文言运动"》

我们下手的方法，只有用全力用白话创造文学。白话文学的真美被社会公认之时，标准化的国语自然成立了。

——《所谓"中小学文言运动"》

白话文学运动开始后的第三年，北京政府的教育部就下令改用白话作小学第一二年级的教科书了！民国十一年的新学制不但完全采用国语作小学教科书，中学也局部的用国语了！这是白话文学运动开始后第五年的事！这样急骤的改革，固然证明了我的主张的一部分：就是白话"文学"的运动果然抬高了社会对白话的态度，因而促进了白话教科书的实力。

——《所谓"中小学文言运动"》

今日社会上还有一部分人对于白话文存着轻藐的态度，我们提倡白话文学的人不应该完全怪他们的顽固，我们应该责备我们自己提倡有心而创作不够，所以不能服反对者之心。

——《所谓"中小学文言运动"》

大众语不是在白话之外的一种特别语言文字。大众语只是一种技术，一种本领，只是那能够把白话做到最大多数人懂得的本领。

——《大众语在那儿》

所以我说：大众语不是一个语言文字的问题，只是一个技术的问题。提倡大众语的人，都应该先训练自己做一种最大多数人看得懂，听得懂的文章。"看得懂"是为识字的大众着想的;"听得懂"是为不识字的大众着想的。我们如果真有心做大众语的文章,最好的训练是时时想象自己站在无线电发音机面前,向那绝大多数的农村老百姓说话,要字字句句他们都听得懂。用一个字,不要忘了大众;造一个句子,不要忘了大众;说一个比喻,不要忘了大众。这样训练的结果,自然是大众语了。

——《大众语在那儿》

十一、思想篇

一个人的思想，差不多是防身的武器，可以批评什么主义，可以避免一切纷扰。我们人总以为思想只有智识阶级才有，可是这是不尽然的，有的时候，思想不但普通人没有，就是学者也没有。普通人每天做事、吃饭、洗脸、漱口……都是照着习惯做去，没有思想的必要，所以不能称为有思想；就是关着窗子，闭着门户，一阵子的胡思乱想，也绝对不是思想的本义。原来思想是有条理、有系统、有方法的。

——《胡适演讲集》

我们遇着日常习惯的事，总是马马虎虎的过去；及至有一个异于平常的困难发生，才用思想去考虑和解决。譬如学生每天从宿舍到课堂，必须经过三岔路和电车站，再走过二行绿荫荫的柳树和四层楼的红房子，然后才至课堂。这在每天来往的学生，是极平常而不注意的事；但要是一个新考进来的学生，当他到了三叉路口的辰光，一定有一个问题发生：就是在这三条路中，究竟打那一条路走能到目的地？那个时候，要解决这个困难，思想便发生了。

——《胡适演讲集》

简单说来，思想是生活种种的反响，社会上的病态需要医治，社会上的困难需要解决，思想却是对于一时代的问题有所解决。经济对思想的影响最大，尤其是在近两三百年来，经济极为重要。生活的方式，生产的方式，往往影响于思想。

——《胡适演讲集》

古代思想最重要的是政治和宗教。《史记》作者司马迁分古思想家为六派：即阴阳、道德、儒、墨、法、名等。但是这六派都是"皆务为治"，亦即怎样治理国家社会。29 年来从发掘安阳商代文化，发现许多材料，可使我们了解古代政治和宗教的生活。那时的政治和宗教合在一起，且互为影响。

——《胡适演讲集》

我们可以看出四种思想的产生：

第一点：人本主义。在纪元前 3 世纪至 6 世纪，思想很发达，无论哪一派哪一家，其共同的一点是注意到"人"的社会，并且首创"不能治人，怎样祀神的"论调，讲所谓"治人之道"。

第二点：自然主义。针对前时代反应而出的这种主义，是很重要的一点。"自"是"自己"，"然"是"如此"，所谓"自己如此"，亦即自己变成了自己。如乌龟变成乌龟，桃子变成桃子等。两千多年这"自己变成自己"的形式，形成中国思想上很大的潮流。如老庄的思想，即是含有这种思想。

第三点：理智主义，那个时代如孔子所谓："终日不食，终夜不寝，以思"。便是说明个人须作学问，并且提倡教育的路，无论那时学派思想如何复杂，也都是重知识。所以说已走上了知识主义、理智主义的大路。

第四点：自由思想。在若干国家对立时代，往往有思想的自由。那时有极端的个人主义者，如《吕氏春秋》；亦有提倡民主革命的，如《孟子》。

——《胡适演讲集》

杜威先生的思想，一般人叫它实验主义（Pragmatism），日本翻作实际主义；我们在民国八年做通俗介绍的时候，翻作实验主义。在讲杜威先生的思想之先,不能不说几句关于实验主义的话。

——《胡适演讲集》

做科学实验的人,无论实验物理、化学、地质、生理或心理,都要先有一个思想(假设的理论):照这样的设备,这样的布置,做起这样的实验来,应该产生某种效果。如果实验的结果不产生某种效果,那就证明了前面的理论是错误的,就应加以修改。另外装置起来重新再做实验,看看这个修改过后的理论对不对。科学家在实验室的态度,就是实验主义。无论什么东西,都要拿这种态度来说明、来解释、来实验。

——《胡适演讲集》

皮尔士是实验主义三位大师中的第一位大师。他所提倡的就是"科学实验室的态度"。以这种态度应用到人生上,凡是思想、理论、概念,都得用这种态度来批评它、解释它、说明它,才可以使它的意义清楚。我们看这个思想或概念,在人生行为上发生什么效果,再拿这效果来批评,来说明这个思想或概念:这等于在实验室里面用某种器具,某种设备做实验而产生的效果,再拿效果来批评理论一样。简单的说,一切有意义的思想或概念,都会在人生行为上发生实验的效果。

——《胡适演讲集》

杜威先生曾经说:"经验就是生活。"生活是什么呢?"生活就是应付环境"。人生在这个物质的客观环境里面,就要对付这一个环境。对付它,就是我对物、物对我。这种对付环境的生活,就是经验。应付环境,不是敷衍,而是要天天接触环境来得到新的知识。应付环境就是时时刻刻,在增加新知识和新经验,新技能和新思想。人在这环境之中,时时刻刻免不了有困难发生。因为要解决这种困难,就引起了思想的捉摸与觉悟。因为思想的作用,就逼得你不仅是无意识的应付环境,而且应付环境的方法，其内容更加强更丰富了。

——《胡适演讲集》

有责任心的思考至少含着三个主要的要求：第一，把我们的事实加以证明，把证据加以考查；第二，如有差错，谦虚的承认错误，慎防偏见和武断；第三，愿意尽量彻底获致一切会随着我们观点和理论而来的可能后果，并且道德上对这些后果负责任。

——《智识的准备》

怠惰的思考，容许个人和党团的因素不知不觉的影响我们的思考，接受陈腐和不加分析的思想为思考之前提，或者未能努力以获致可能后果，来试验一个人的思想是否正确等等就是智识上不负责任的表现。

——《智识的准备》

我们可以不赞成林先生的思想，但不当诬蔑他的人格。

——《致〈京报〉礼》

领导一国的思想，是百年大计，必须以哀矜之态度出之，不可稍存草率。自误是小事。误人误国都是大罪。思想必须从力求明白清楚（Clear and distinct）入手，笛卡儿所以能开近世哲学的先路，正因为他教人力求清楚明白，从洛克以至杜威、詹姆士，都教人如此。我们承两千年的笼统思想习惯之后，若想思想革新，也必须从这条路入手。

——《致陶希圣》

民族抬头，我岂不想？来信所说的吾辈负的教育责任，我岂不明白？但我们教人信仰一个思想，必须自己确信仰它，然后说来有力，说来动听。若自己不能信仰，而但为教育手段计，不能不说违心之言，自弃其信仰而求人信仰他自己本来不信仰的东西。我不信这个方法是可以收效的。依古人的说法，修辞立其诚，未有不诚而能使人信从的。如来书说的"自责"在学术界是应当的，但在教育上则又不应当"自责"而应当自吹：这是一个两面标准（double standard）。我不能认为最妥当的办法，至少我的训练使我不能接受这样一个两面标准。

——《致陶希圣》

一个民族的思想领袖者没有承认事实的勇气，而公然提倡他们自己良心上或"学术"上不信仰的假话，一即此一端，至少使我个人抬不起头来看世界。

——《致陶希圣》

我们正因为爱国太深，故决心为她作净臣，作净友，而不敢也不忍为她讳疾忌医，作她的佞臣损友。

这个问题比思想方法的问题有同样的重要。这是一个思想家立身行己的人格问题：说真话乎？不说真话乎？

——《致陶希圣》

凡文化都有他的惰性，都会自己保守自己的。少数先知先觉的思想家，如果他也看清了"去腐"和"革新"的必要，应该站到屋顶上去大声疾呼，不必顾虑破坏之太多，更不必顾虑祖宗遗产有毁灭的危险。"真金不怕火"，这是我们祖宗的一句名言。其有价值的东西是毁不掉的。

——《答室伏高信》

保存一颗虚而能受的心，那是一切知识思想进步的源头。

——《致陈之藩》

思想切不可变成宗教，变成了宗教，就不会虚而能受了，就不思想了。

我宁可保持我无力的思想，决不肯换取任何有力而不思想的。

——《致陈之藩》

关于"孔家店"，我向来不主张轻视或武断的抹杀。你看见了我的《说儒》篇吗？那是很重视孔子的历史地位的。

——《致陈之藩》

我是一个"存疑论者"，即是你说的"不可知论者"。但在中国思想传统里，不可知论和无神论（Agnosticism & Atheism）都没有像基督教国家里那种"罪大恶极"的贬义，故我有时也自称"无神论者"。其实我确是一个无神论者。

这点存疑的态度是中国思想传统里一点最有意义，也最有价值的怀疑精神，他的最明白的说法就是孔子说的"知之为知之，不知为不知，是知也"。（这是很影响我一生的一句话）孔子的存疑态度见于《论语》子路问事鬼神一章。

——《答朱文长》

从当代力量最大的学者梁启超氏的通俗文字中，我渐得略知霍布士、笛卡儿、卢梭、边沁、康德、达尔文等诸泰西思想家。梁氏是一个崇拜近代西方文明的人，连续发表了一系列文字，坦然承认中国人以一个民族而言，对于欧洲人所具的许多良好特性，感受缺乏；显著的是注重公共道德，国家思想，爱冒险。私人权利观念与热心防其被侵，爱自由，自治能力，结合的本事与组织的努力，注意身体的培养与健康等。就是这几篇文字猛力把我以我们古旧文明为自足，除战争的武器，商业转运的工具外，没有什么要向西方求学的这种安乐梦中，震醒出来。它们开了给我,也就好像开了给几千几百别的人一样,对于世界整个的新眼界。

——《我的信仰》

人生最神圣的责任是努力思想得好,我就是从杜威教授学来的。或思想得不精,或思想而不严格的到它的前因后果,接受现成的整块的概念以为思想的前提,而于不知不觉间受其个人的影响,或多把个人的观念由造成结果而加以测验,在理智上都是没有责任心的。真理的一切最大的发现,历史上一切最大的灾祸,都有赖于此。

——《我的信仰》

杜威最风行的著作之一便是那本举世熟知的《思维术》——尤其是那一本为一般学校和师范大学所采用的薄薄的原版。在我进哥大之前我已对《思维术》发生兴趣,也受其影响。杜威认为有系统的思想通常要通过五个阶段:

第一阶段为思想之前奏。是一个困惑、疑虑的阶段。这一阶段导致思想者认真去思考。

第二阶段为决定这疑虑和困惑究竟在何处。

第三阶段为解决这些困惑和疑虑,思想者自己会去寻找一个解决问题的假设;或面临一些(现成的)假设的解决方法任凭选。

第四阶段,在此阶段中,思想者只有在这些假设中,选择其一作为对他的困惑和疑虑的可能解决的办法。

第五,也是最后阶段,思想的人在这一阶段要求证,把他(大胆)选择的假设,(小心)证明出来那是他对他的疑虑和困惑最满意的解决。

杜威对有系统思想的分析帮助了我对一般科学研究的基本步骤的了解。他也帮助了我对我国近千年来——尤其是近三百年来——古典学术和史学家治学的方法,诸如"考据学"、"考证学"等等。(这些传统的治学方法)我把它们英译为 evidential investigation(有证据的探讨),也就是根据证据的探讨（无证不信）。在那个时候，很少人（甚至根本没有人）曾想到现代的科学法则和我国古代的考据学、考证学，在方法上有其相通之处。

——《胡适口述自传·哥伦比亚大学和杜威》

思想的起点是一种疑难的境地。……一切有用的思想，都起于一个疑问符号。一切科学的发明，都起于实际上或思想界里的疑惑困难。宋朝的程颐说："学原于思。"这话固然不错，但是悬空讲"思"，是没有用的。他应该说："学原于思，思起于疑。"疑难是思想的第一步。

——《实验主义》

凡是有价值的思想，都是从这个那个具体的问题下手的。先研究了问题的种种方面的种种的事实，看看究竟病在何处，这是思想的第一步工夫。然后根据于一生经验学问，提出种种解决的方法，提出种种医病的丹方，这是思想的第二步工夫。然后用一生的经验学问，加上想象的能力，推想每一种假定的解决法，该有什么样的效果，推想这种效果是否真能解决眼前这个困难问题。推想的结果，拣定一种假定的解决，认为我的主张，这是思想的第三步工夫。凡是有价值的主张，都是先经过这三步工夫来的。

——《问题与主义》

有人说，思想是一件事，文学又是一件事，学英文的人何必要读与现代新思潮有关系的书呢？这话似乎有理，其实不然。我们中国人学英文，和英国、美国的小孩子学英文，是两样的。我们学西洋文字，不单是要认得几个洋字，会说几句洋话，我们的目的在于输入西洋的学术思想。所以我以为中国学校教授西洋文字，该用一种"一箭射双雕"的方法，把"思想"和"文字"同时并教。

——《归国杂感》

当40岁时，人的精神充裕，那一副过人的精神便显起效用来，于甚少的机会中追求出机会。摄取了知识，构成了思想，发动了志气，所以有那一番积极的作为。在那时代便是维新家了。到60岁时，精神安能如昔？知识的摄取力先减了，思想的构成力也退了，所有的思想都是以前的遗留，没有那方兴未艾的创造，而外界的变迁却一日千里起来，于是乎就落后成为旧人物了……

我们从这个上面可得一个教训：我们应该早点预备下一些"精神不老丹"方才可望做一个白头的新人物。这个"精神不老丹"是什么呢？我说是永远可求得新知识新思想的门径。这种门径不外两条。一是养成一种欢迎新思想的习性，使新知识新思潮可以源源进来；二是极力提倡思想自由和言论自由，养成一种自由的空气，布下新思潮的种子，预备我们到了七八十岁时，也还有许多簇新的知识思想可以收获来做我们的精神培养品。

——《不老：跋梁漱溟先生致陈独秀书》

我是自己有一套思想，再来看孔家诸经的；看了孔经，先有自己意见，再来视宋、明人书的；始终拿自己思想作主。

——《读梁漱溟先生的〈东西文化及其哲学〉》

我们研究思想史的人，一面要知道古人的思想高明到什么地步，一面也不可不知道古人的思想昏谬到什么地步。

——《〈老残游记〉序》

文字的记录可以帮助思想学问：可以使思想渐成条理，可以使知识循序渐进。

——《〈吴淞月刊〉发刊词》

我的思想受两个人的影响最大：一个是赫胥黎，一个是杜威先生。赫胥黎教我怎样怀疑，教我不信任一切没有充分证据的东西。杜威先生教我怎样思想，教我处处顾到当前的问题，教我把一切学说理想都看作待证的假设，教我处处顾到思想的结果。

——《介绍我的思想》

一切主义，一切学理，都该研究。但只可认作一些假设的（待证的）见解，不可认作天经地义的信条；只可认作参考印证的材料，不可奉为金科玉律的宗教；只可用作启发心思的工具，切不可用作蒙蔽聪明，停止思想的绝对真理。如此方才可以渐渐养成人类的创造的思想力，方才可以渐渐使人类有解决具体问题的能力，方才可以渐渐解放人类对于抽象名词的迷信。

——《介绍我的思想》

宋明的理学固然不是孔孟的思想，清朝的经学也不能完全脱离中古思想的气味。汉学家无论回到东汉，或回到西汉，都只是在中古世界里兜圈子。

——《中国中古思想小史》

道家吸收了阴阳家的思想，用"阴阳气类相感"的理论来解释古宗教里的天人感应说。

——《中国中古思想小史》

董仲舒的阴阳五行之学，本是阴阳家的思想，自从他"始推阴阳，为儒者宗"，便成了儒教的正统思想了。

——《中国中古思想小史》

十二、哲学篇

儒墨两家根本上不同之处，在于两家哲学方法的不同，在于两家的"逻辑"不同。《墨子·耕柱》篇有一条最形容得出这种不同之处：

叶公子高问政于仲尼，曰："善为政者若之何？"仲尼对曰："善为政者，远者近之，而旧者新之。"（《论语》作"近者悦，远者来。"）

子墨子闻之曰："叶公子高未得其问也。仲尼亦未得其所以对也。叶公子高岂不知善为政者之，远者近之，而旧者新之哉？问所以为之若之何也……"

这就是儒墨的大区别。孔子所说是一种理想的目的。墨子所要的是一个"所以为之若之何"的进行方法。孔子说的是一个"什么"，墨子说的是一个"怎样"。这是一个大分别。

——《胡适演讲集》

达尔文的进化论，不同于马克思的辩证法。马克思的辩证法是根据黑格尔的辩证法，这种辩证法与天然演进的科学方法是不符合的。

——《胡适演讲集》

这两种区别，皆极重要。儒家最爱提出一个极高的理想的标准，作为人生的目的，如论政治，定说："君君、臣臣、父父、子子"；或说："近者悦、远者来"；这都是理想的目的，却不是进行的方法。如人生哲学（人生哲学，或译伦理学，伦理学之名不当，但可以称儒家之人生哲学耳。故不用）则高悬一个"止于至善"的目的，却不讲怎样能使人止于至善。

——《胡适演讲集》

所说细目,如"为人君,止于仁;为人臣,止于敬;为人父,止于慈;为人子,止于孝;与国人交,止于信"(《大学》)全不问为什么为人子的要孝?为什么为人臣的要敬?只说理想中的父子、君臣、朋友是该如此如此的。所以儒家的议论,总要偏向"动机"一方面。"动机"如俗话的"居心"。孟子说的"君子之所以异于人者,以其存心也。君子以仁存心,以礼存心"。存心是行为的动机。大学说的诚意,也是动机。儒家只注意行为的动机,不注意行为的效果。推到了极端,便成董仲舒说的"正其谊不谋其利,明其道不计其功"。只说这事应该如此做,不问为什么应该如此做。

　　墨子的方法,恰与此相反。墨子处处要问一个"为什么"。例如造一所房子,先要问为什么要造房子。知道了"为什么",方才可知道"怎样做"。

——《胡适演讲集》

　　墨子以为无论何种事物、制度、学说、观念,都有一个"为什么"。换言之,事事物物都有一个用处。知道那事物的用处,方才可以知道他的是非善恶。为什么呢?因为事事物物既是为应用的,若不能应用,便失了那事那物的原意了,便应该改良了。

——《胡适演讲集》

　　应用主义又可叫做"实利主义"。儒家说"义也者,宜也"。宜即是"应该"。凡是应该如此做的,便是"义"。墨家说:"义,利也"(《经上》篇,参看《非攻下》首段)。便进一层说,说凡事如此做去便可有利的即是"义的"。因为如此做才有利,所以"应该"如此做。义所以为"宜",正因其为"利"。

——《胡适演讲集》

墨子的应用主义,所以容易被人误会,都因为人把这"利"字"用"字解错了。这"利"字并不是"财利"的利,这"用"也不是"财用"的用。墨子的"用"和"利"都只指人生行为而言。如今且让他自己下应用主义的界说:

子墨子曰:"言足以迁行者常之,不足以迁行者勿常,不足以迁行而常之,是荡口也。"(《贵义》篇)。

子墨子曰:"言足以复行者常之,不足以举行者勿常,不足以举行而常之,是荡口也。"(《耕柱》篇)

——《胡适演讲集》

墨子说:"言必立仪。言而毋仪。譬犹运钧之上而言朝夕者也。是非利害之辨不可得而明知也。故言必有三表。何谓三表?……有本之者,有原之者,有用之者。

于何本之? 上本之于古者圣王之事。

于何原之? 下原察百姓耳目之实。

于何用之? 发以为刑政,观其中国家百姓人民之利。

此所谓言有三表也"(《非命上》。参观《非命中、下》。《非命中》述三表有误。此盖后人所妄加)。这三表之中,第一和第二有时倒置。但是第三表(实地应用)总是最后一表。于此可见墨子的注重"实际应用"了。

——《胡适演讲集》

墨家的"辩",是分别是非真伪的方法。《经上》说:辩,争彼也。辩胜,当也。说曰:"辩,或谓之牛,或谓之非牛,是争彼也。是不俱当。不俱当,必或不当。不当若犬。"(校改本)

《经说下》说:辩也者,或谓之是,或谓之非,当者胜也。

——《胡适演讲集》

中国哲学到了老子和孔子时候，才可当得"哲学"两个字。老子以前，不是没有思想，没有系统的思想，大概多是对于社会上不安宁的情形，发些牢骚语罢了。如《诗经》上说："苕之华，其叶青青。知我如此，不如无生。"这种语是表示对于时势不满意的意思。

——《胡适演讲集》

《学的线索》，这个线索可分两层讲：一时代政治社会状态变迁之后，发生了种种弊端，则哲学思想也就自然发生，自然变迁，以求改良社会上、政治上种种弊端。所谓时势生思潮，这是外的线索。外的线索是很不容易找出来的。内的线索，是一种方法——哲学方法，外国名叫逻辑。

——《胡适演讲集》

老子的方法是无名的方法。《老子》第一句话就说："名可名，非常名；道可道，非常道。"他知道"名"的重要，亦知道"名"的坏处，所以主张"无名"。名实二字在东西各国哲学史上都很重要。"名"是共相，亦就是普通性。"实"是"自相"，亦就是个性。名实两观念代表两大问题。从思想上研究社会的人，一定研究先从社会下手呢，还从个人下手？换句话讲，是先决个性，还是先决普遍之问题？"名"的重要可以举例明之。

——《胡适演讲集》

孔子出世之后，亦看得"名"很重要。不过他以为与其"无名"，不如"正名"。《论语·子路》篇说："子路曰：卫君待子而为政，子将奚先？子曰：必也正名乎。子路曰：有是哉！子之迂也！奚其正！子曰：野哉由也！君子于其所不知，盖阙如也。名不正，则言不顺。言不顺，则事不成。事不成，则礼乐不兴。礼乐不兴，则刑罚不中。刑罚不中，则民无所措手足。"

孔子以为"名"——语言文字——是不可少的，只要把一切文字、制度，都回复到他本来的理想标准，例如："政者，正也。""仁者，人也。"他的理想的社会,便是"君君、臣臣、父父、子子"。

——《胡适演讲集》

九百多年前,宋朝的儒家,想把历代的儒家相传的学说,加上了佛家、禅宗和道家的思想,另成一种哲学。他们表面上要挂孔子的招牌,不得不在儒家的书里头找些方法出来。他们就找出来一本《大学》。《大学》是本简单的书,但讲的是方法。他上面说:"致知在格物"。格物二字就变为中国近世思想的大问题。程朱一派解"格物"是到物上去研究物理。物必有理,要明物理,须得亲自到物的本身上去研究。今天格一物,明天格一物,今天格一事,明天格一事,天下的事物,都要一个个的去格他。等到后来,知识多了,物的理积得多了,便一旦豁然贯通。

——《胡适演讲集》

思想必依环境而发生,环境变迁了,思想一定亦要变迁。无论什么方法,倘不能适应新的要求,便有一种新方法发生,或是调和以前的种种方法,来适应新的要求。找出方法的变迁,则可得思想的线索。思想是承前启后,有一定线索,不是东奔西走,全无纪律的。

——《胡适演讲集》

笔战么?国内思想界的老将吴稚晖先生,就在《太平洋杂志》上发表一篇《一个新信仰的宇宙观及人生观》。其中下了一个人生定义。他说:"人是哺乳动物中的有二手二足用脑的动物。"人生即是这种动物所演的戏剧,这种动物在演时,就有人生;停演时就没人生。所谓人生观,就是演时对于所演之态度,譬如:有的喜唱花面,有的喜唱老生,有的喜唱小生,有的喜摇旗呐喊,凡此种种两脚两手在演戏的态度,就是人生观。不过单是登台演剧,红进绿出,有何意义?想到这层,就发生哲学问题。哲学的定义,我们常在各种哲学书籍上见到;不过我们尚有再找一个定义的必要。我在《中国哲学史大纲》上卷上所下的哲学的定义说："哲学是研究人生切要的问题，从根本上着想，去找根本的解决。"但是根本两字意义欠明，现在略加修改，重新下了一个定义说："哲学是研究人生切要的问题，从意义上着想，去找一个比较可普遍适用的意义。"现在举两个例子来说明它：要晓得哲学的起点是由于人生切要的问题，哲学的结果，是对于人生的适用。人生离了哲学。是无意义的人生；哲学离了人生，是想入非非的哲学。现在哲学家多凭空臆说，离得人生问题太远，真是上穷碧落，愈闹愈糟！

——《胡适演讲集》

我们既晓得什么叫人生，什么叫哲学，而且略会看到两者的关系，现在再去看意义在人生上占的什么地位？现在一般的人饱食终日，无所用心。思想差不多是社会的奢侈品。他们看人生种种事实，和乡下人到城里未看见五光十色的电灯一样。只看到事实的表面，而不了解事实的意义。因为不能了解意义的原故，所以连事实也不能了解了。这样说来，人生对于意义，极有需要，不知道意义，人生是不能了解的。

——《胡适演讲集》

欲得人生的意义，自然要研究哲学史，去参考已往的死的哲理。不过还有比较重要的，是注意现在的活的人生问题，这就是做人应有的态度。

——《胡适演讲集》

这个题目很重要，从人类历史上看哲学是什么，一方面要修正我在中国哲学史上卷里所下哲学的定义，一方面要指示给学哲学的人一条大的方向，引起大家研究的兴味。

——《胡适演讲集》

我在今年一二月《晨报副刊》上发表杜威先生哲学改造的论文,今天所讲,大部分是根据杜威先生的学说;他的学说原是用来解释西洋哲学的,但杜威先生是一个实验主义者,他的学说要能够解释中国或印度的哲学思想,才能算是成立。

杜威先生的意思,以为哲学的来源,是人类最初的历史传说或跳舞诗歌迷信等等幻想的材料,经过两个时期,才成为哲学。

——《胡适演讲集》

归纳起来说,正统哲学有三大特点:

(1)调和新旧思想,替旧思想旧信仰辩护,带一点不老实的样子。

(2)产生辨证的方法,造成伦理的系统,其目的在护法卫道。

(3)主张二元的世界观,一个是经验世界,一个是超经验的世界,在现实世界里不能活动的,尽可以在理想的世界里玩把戏。

——《胡适演讲集》

中国古代的正统哲学是儒墨两大派,中古时代是儒教,近世自北宋至今是宋明理学,尤其是程朱的理学。

——《胡适演讲集》

中国古代的哲学原料,诗歌载在《诗经》,卜巫迷信载在《易经》,礼俗仪容载在《礼记》,历史传说载在《尚书》。在西历纪元前 2500 年,初民思想已经过一番整齐统一。一切旧迷信旧习惯传说已成了经典。

——《胡适演讲集》

纪元前五六百年老子孔子等出,正当新旧思潮冲突调和的时期,古代正统哲学才算成立。老子是旧思想的革命家,过激党,攻击旧文化,攻击当时政治制度。古代以天为有意志有赏罚,而老子说天地不仁,将有意志的天变为无往而不在，无为而无不为的天，是一个自然主义的天道观。老子这样激烈的态度，自然为当世所不容。他很高明，所以自行隐遁。邓析比老子更激烈，致招杀身之祸，没有书籍流传后世。可见当时两种思想冲突的厉害。

——《胡适演讲集》

无论以中国历史或西洋历史来看，哲学是新旧思想冲突的结果。而我们研究哲学，是要教哲学当成应付冲突的机关。现在梁漱溟、梁任公、张君劢诸人所提倡的哲学，完全迁就历史的事实，是中古时代八百年所遗留的传统思想、宗教态度，以为这便是东方文明。殊不知西洋中古时代也有与中国同样的情形，注重内心生活，并非中国特有的。所以我们要认清楚哲学是什么，研究哲学的职务在那里，才能寻出一条大道。这是我们研究哲学的人应有的觉悟。

——《胡适演讲集》

（一）哲学的过去
过去的哲学只是幼稚的、错误的或失败了的科学。
宇宙论→天文学、物理学、生物学、生物化学。
本体论→物理、化学、生物、物理化学、生物化学。
知识论→物理学、心理学、科学方法。
道德哲学→社会学、人类学、心理学、生物学、遗传学。
政治哲学→经济学、统计学、社会学、史学……
（二）过去的哲学学派只可在人类知识史与思想史上占一个位置，如此而已。
（三）哲学的将来
问题的更换问题解决有两个途径：
（1）解决了。（2）知道不成问题，就抛弃了。

凡科学已解决的问题，都应承受科学的解决。

凡科学认为暂时不能解决的问题，都成为悬案。

凡科学认为成问题的问题，都应抛弃。

——《胡适演讲集》

哲学既是幼稚的科学，自然不当自别于人类知识体系之外。最早的 Demoeritus 以及 Epicurus 一派的元子论既可以在哲学史上占地位，何以近世发明九十元子的化学家，与伟大的 Mendelief 的元子周期律不能在哲学史上占更高的地位？

最早乱谈阴阳的古代哲人既列在哲学史，何以三四十年来发现阴电子（Electron）的 Thomson 与发现阳电子（Proton）的 Rutherford 不能算作更伟大的哲学家？

最早乱谈性善性恶的孟子、荀子既可算是哲学家，何以近世创立遗传学的 George J. Mendel 不能在哲学史上占一个更高的地位？

最早谈井田均产的东西哲学家都列入哲学史，何以马克思、布鲁东、亨利乔治那样更伟大的社会学说不能在哲学史占更高的地位？

——《胡适演讲集》

问题可解决的，都解决了。一时不能解决的，还得靠科学实验的帮助与证实。科学不能解决的，哲学也休想解决。即使提出解决，也不过是一个待证的假设，不足于取信现代的人。

故哲学家自然消灭，变成普通思想的一部分。在生活的各方面，自然总不免有理论家继续出来，批评已有的理论或解释已发现的事实，或指摘其长短得失，或沟通其冲突矛盾，或提出新的解释，请求专家的试验与证实。这种人都可称为思想家，或理论家。自然科学有自然科学的理论学，这种人便是将来的哲学家。

——《胡适演讲集》

将来只有一种知识:科学知识。

将来只有一种知识思想的方法:科学证实方法。

将来只有思想家,而无哲学家:他们的思想,已证实的便成为科学的一部分,未证实的叫做待证的假设。

——《胡适演讲集》

空间之大只增加他对于宇宙的美感;时间之长只使他格外明了祖宗创业之艰难;天行之有常只增加他制裁自然界的能力。

——《我的信仰》

哲学是受它的方法制约的,也就是说,哲学的发展是决定于逻辑方法的发展的。

——《先秦名学史》

我确信中国哲学的将来,有赖于从儒学的道德伦理和理性的枷锁中得到解放。这种解放,不能只用大批西方哲学的输入来实现,而只能让儒学回到它本来的地位;就是恢复它在其历史背景中的地位。儒学曾经只是盛行于古代中国的许多敌对的学派中的一派,因此,只要不把它看作精神的、道德的、哲学的权威的唯一源泉……

——《先秦名学史》

作为我们的研究主题的中国哲学的最初阶段(公元前 600 年－前 210 年),是人类思想史上一个最重要的和最灿烂的时代。这是老子、孔子、墨翟、孟子、惠施、公孙龙、庄子、荀子、韩非以及许多别的次要的哲学家的年代。它的气势、它的创造性、它的丰富性以及它的深远意义,使得它在哲学史上完全可以媲美于希腊哲学。

——《先秦名学史》

哲学是在探求整顿、理解和改善世界秩序的方式和方法当中产生的。对道进行像我所说的研究，构成了所有中国哲学家的中心问题，我相信，它也是所有西方大哲学家的中心问题。正是关于道的问题构成了老子哲学的中心问题。他设想的道是"无为"和"无"。因此，他主张废除一切由文明创设的人为约束和制度，返回到自然状态中去。

——《先秦名学史》

　　最大的辩者是约生于公元前 590 年的老子。他是古代中国的普罗塔哥拉。在他身上，我们可以找到启蒙年代精神的体现。他是他那个时代的最大的批评者，并且他的批评总是带破坏性的和反权威性的。他是一个哲学上的虚无主义者。

——《先秦名学史》

　　对无的强调是他（老子）的哲学的基础。出于一种玄学的类比，他设想的"自然状态"是极其淳朴的状态，是一种无为的状态。

——《先秦名学史》

　　这样，他宣讲的是政治上的不干涉主义或放任的无政府主义的哲学。"民之难治，以其上之有为，是以难治。""常有同杀者杀。夫代司杀者杀，是谓代大匠斫。夫代大匠斫者。希有不务其手者矣。"这个"司杀者"自然便是"天道"本身。

——《先秦名学史》

　　由于老子坚持废除现有的复杂文化并倒退回淳朴、无为的原始状态中去的可能性和可取性，可以确实的说，老子本人把变化和历史的观念弄糊涂了，甚至歪曲了。否则，这一概念是富有成果的。这样一个结论使他的关于变化的概念不大像是从"简单"和"细微"到"复杂"和"困难"

的一个连续展开,却成为一个可以周期地倒退到最初的和原始的状况的循环过程。

——《先秦名学史》

老子哲学的另一个建设性因素在于他的多少是残缺不全的知识理论。同他的虚无主义一致,有时他似乎主张由累积的学习得来的知识和智慧,就真正的"道"来说,是没有什么用的。真的知识的获得仅在于一个人如此简化或减少他的愿望和欲望,以达到自然和无所断定的目标。当达到这样一种完美状态时,真正的知识自然就会产生。

——《先秦名学史》

孔子的中心问题,自然应当是社会改革。哲学的任务被理解为社会的和政治的革新。他所寻求的是整治天下之道! 孔子对于他那个时期的思想混乱状态有着深刻的印象,并不得不作出结论说:道德沦丧是思想界混乱的结果,这种结果已败坏社会数百年。

——《先秦名学史》

我认为这就是孔子所说的"言不顺则事不成",以及他接着说的"事不成,则礼乐不兴"。也就是说,没有思想的确定性和规律性,就不会有道德上和谐的生活。

——《先秦名学史》

天下如何能从当前道德乖谬与政治混乱的情况中解救出来并恢复正义呢? 孔子的答复是:要正名。

——《先秦名学史》

孔子则是一个实证主义者,并满足于把简易作为出发点。

——《先秦名学史》

如果把"易"的概念化为简易的形式,它是能被理解和掌握的。这个观念构成孔子全部哲学的基础。

——《先秦名学史》

按照孔子的逻辑,一切活动、器物和制度都来源于"象"或"意象",这些"意象",除非凭借现在据以知悉的我们的活动、器物和制度的名,是不能被发现,也不能被理解的。

——《先秦名学史》

孔子也许最接近于培根,所以对于自然科学,他以为所有的变化都起自积极因素(阳、刚)对消极因素(阴、柔)的推动所引起的运动。

——《先秦名学史》

孔子,也是一个"自然之道""无为而治"的赞美者,但他又是一个实际的改革家和政治家。因此,他企图调和同时代的人们的"自然主义"与他对于种种制度的历史观点。他把所有人类器物、制度归因于自然的起源,并把现时一切道德上、政治上的混乱归咎于它们与自然的、原来的意义和目的逐渐偏离,来达到上述目的。自然的就是理想。改革家、政治家的任务就是要再发现这种理想作为标准以纠正现时已经衰败了的种种形式。

——《先秦名学史》

孔子的时代与威廉·奥斯瓦特和卡尔·皮尔逊的时代的不同,并不在于后者不需要行为准则的帮助就能活下去,而在于其行为准则是基于精确的知识和为科学实验所已证明的原则，而古人的那些原则只是民间智慧和先验思想的明确表达。

——《先秦名学史》

孔子逻辑的最大贡献就在于发现了"名"的意义，即"所以谓"。但孔子学派没看到，"所以谓"脱离了"所谓"的实际关系就是空洞的和毫无意义的。

——《先秦名学史》

墨翟不满于儒家热衷于把传统的习俗、礼仪和道德规范编制成一套规定各种人与人之间关系和人的行为举动的各方面的繁文缛节。

——《先秦名学史》

实际上，墨翟非常反对儒家的全部方法，反对那种建立一个具有普遍性和第一原则的世界，而对它们的实际后果考虑甚少或根本不考虑的方法。

——《先秦名学史》

墨翟不满儒家的方法，要寻求一个借以检验信念、理论、制度和政策的真伪和对错的标准。他发现这个标准就存在于信念、理论等所要产生的实际效果之中。

——《先秦名学史》

墨翟的主要见解是：每一个制度的意义，就在于它有利于什么；每一个概念或信念或政策的意义，就在于它适合于产生什么样的行为或品格。

——《先秦名学史》

墨翟发现了应用主义的方法之后，便把它贯穿于自己的全部学说中，使它成为自己的学说的基础，并使许多流行的学说受到它的检验。在说到他自己的"兼爱"理论时，他说，"用而不可，虽我亦将非之。且焉有善而不可用者。"

——《先秦名学史》

墨翟关于直接观察的理论虽然是粗糙的，却标志着中国经验主义的开端。

——《先秦名学史》

老子反对"有为"的政治，主张"无为无事"的政治，也是当时政治的反动。凡是主张无为的政治哲学，都是干涉政策的反动。因为政府用干涉政策，却又没干涉的本领，越干涉越弄糟了，故挑起一种反动，主张"放任无为"。欧洲18世纪的经济学者、政治学者，多主张"放任主义"，正为当时的政府实在太腐败无能，不配干涉人民的活动。老子的"无为"主义，依我看来，也是因为当时的政府不配有为，偏要有为；不配干涉，偏要干涉，所以弄得"天下多忌讳而民弥贫；民多利器，国家滋昏；法令滋彰，盗贼多有"。

——《中国古代哲学史》

在中国的一方面，最初的哲学思想，全是当时社会政治的现状所唤起的反动。社会的阶级秩序已破坏混乱了，政治的组织不但不能救补维持，并且呈现同样的腐败纷乱。当时的有心人，目睹这种现状，要想寻一个补救的方法，于是有老子的政治思想。但是老子若单有一种革命的政治学说，也还算不得根本上的解决，也还算不得哲学。老子观察政治社会的状态，从根本上着想，要求一个根本的解决，遂为中国哲学的始祖。

他的政治上的主张，也只是他的根本观念的应用。

——《中国古代哲学史》

老子哲学的根本观念是他的天道观念。

——《中国古代哲学史》

儒家的人生哲学，认定个人不能单独存在，一切行为都是人与人交互关系的行为，都是伦理的行为。

——《中国古代哲学史》

孔子的人生哲学，不但注重模范的伦理，又还注重行为的动机。

——《中国古代哲学史》

但我以为与其说孔子的人生哲学注重动机，不如说他注重养成道德的品行。

——《中国古代哲学史》

孔子的人生哲学，依我看来，可算得是注重道德习惯一方面的。

——《中国古代哲学史》

诗与礼乐都是陶融身心，养成道德习惯的利器。故孔子论政治，也主张用"礼让为国"。

——《中国古代哲学史》

孔子的人生哲学，虽是伦理的，虽注意"君君，臣臣，父父，子子，夫夫，妇妇"，却并不曾用"孝"字去包括一切伦理。到了他的弟子们，以为人伦之中独有父子一伦最为亲切，所以便把这一伦提出来格外注意，格外用功。

——《中国古代哲学史》

墨子是一个极热心救世的人，他看见当时各国征战的惨祸，心中不忍，所以倡为"非攻"论。他以为从前那种"弭兵"政策（如向戌的弭兵会），都不是根本之计。根本的"弭兵"要使人人"视人之国。若视其国；视人之家，若视其家；视人之身，若视其身"。这就是墨子的"兼爱"论。

——《中国古代哲学史》

墨子并不是一个空谈"弭兵"的人，他是一个实行"非攻"主义的救世家。

——《中国古代哲学史》

墨子是一个宗教家。他最恨那些儒家一面不信鬼神，一面却讲窀祭礼丧礼。

——《中国古代哲学史》

墨子是一个实行的宗教家。他主张节用，又主张废乐，所以他教人要吃苦修行。

——《中国古代哲学史》

墨子的方法，恰与此相反。墨子处处要问一个"为什么"。例如造一所房子，先要问为什么要造房子。知道了"为什么"，方才可知道"怎样做"。知道房子的用处是"冬避寒焉，夏避暑焉，室以为男女之别"，方才可以知道怎样布置构造始能避风雨寒暑，始能分别男女内外。人生的一切行为，都是如此。如今人讲教育，上官下属都说应该兴教育，于是大家都去开学堂，招学生。大家都以为兴教育就是办学堂，办学堂就是兴教育,从不去问为什么该兴教育。因为不研究教育是为什么的,所以办学和视学的人也无从考究教育的优劣,便无从考究改良教育的方法。我去年回到内地,有人来说,我们村里,该开一个学堂。我问他为什么我们村里该办学堂呢? 他说:某村某村都有学堂了,所以我们这里也该开一个。这就是墨子说的"是犹日:何故为室? 曰:室以为室也"的理论。

墨子以为无论何种事物、制度、学说、观念,都有一个"为什么"。换言之,事事物物都有一个用处。知道那事物的用处,方才可以知道他的是非善恶。为什么呢? 因为事事物物既是为应用的,若不解应用,便失了那事那物的原意了,便应该改良了。

——《中国古代哲学史》

墨子的应用主义所以容易被人误会,都因为人把这"利"字、"用"字解错了。这"利"字并不是"财利"的利,这"用"也不是"财用"的用。墨子的"用"和"利"都是指人生行为而言。

——《中国古代哲学史》

墨子的"知行合一"说,只是要把所知的能否实行,来定所知的真假,把所知的能否应用,来定所知的价值。

——《中国古代哲学史》

墨子在哲学史上的重要,只在于他的"应用主义"。他处处把人生行为上的应用,作为一切是非善恶的标准。"兼爱、非攻、节用、非乐、节葬、非命"都不过是几种特别的应用。他又知道天下能真知道"最大多数的最大幸福"的,不过是少数人,其余的人,都只顾眼前的小利,都只"明小物而不明大物"。所以他主张一种"贤人政治",要使人"上同而不下比"。他又恐怕这还不够,他又是一个很有宗教根性的人,所以主张把"天意的志"作为"天下之明法",要使天下的人都"上同于天"。因此,哲学家的墨子便变成墨教的教主了。

——《中国古代哲学史》

庄子的人生哲学，只是一个达观主义。

——《中国古代哲学史》

庄子的哲学，总而言之，只是一个出世主义。

——《中国古代哲学史》

我曾用一个比喻来说庄子的哲学道：譬如我说我比你高半寸，你说你比我高半寸。你我争论不休，庄子走过来排解道："你们二位不用争了罢，我刚才在那爱拂儿塔上（Eiffel Tower 在巴黎，高 984 英尺，为世界第一高塔）看下来，觉得你们二位的高低实在没有什么区别，何必多争，不如算作一样高低罢。"他说的"辩也者，有不见也"只是这个道理。

——《中国古代哲学中》

庄子是知道进化的道理，但他不幸把进化看作天道的自然，以为人力全无助进的效能，因此他虽说天道进化，却实在是守旧党的祖师。他的学说实在是社会进步和学术进步的大阻力。

——《中国古代哲学史》

孟子的性善之论，不但影响到他的人生观，并且大有影响于他的教育哲学。

——《中国古代哲学史》

孟子深信人性本善，所以不主张被动和逼迫的教育，只主张各人自动的教育。

——《中国古代哲学史》

中国近世哲学的遗风，起于北宋，盛于南宋，中兴于明朝的中叶，到了清朝，忽然消歇了。清朝初年，虽然紧接晚明，已截然成了一个新的时代了。自顾炎武以下，凡是第一流的人才，都趋向做学问的一条路上去了；哲学的门庭大有冷落的景况。接近朱熹一脉的学者，如顾炎武、阎若璩，都成了考证学的开山祖师。接近王守仁一派的，如黄宗羲自命为刘宗周的传人，如毛奇龄自命为得王学别传，也都专注在史学与经学上去了。北方特起的颜元、李塨一派，虽然自成一个系统，其实只是一种强有力的"反玄学"的革命；固然给中国近世思想史开了一条新路，然而宋明理学却因此更倒霉了。这种"反玄学"的运动是很普遍的。顾炎武、黄宗羲、黄宗炎、阎若璩、毛奇龄、姚际恒、胡渭，都是这个大运动的一分子，不过各人专力攻击的方向稍有不同罢了。

——《戴东原的哲学》

"反玄学"的运动，在破坏的方面，居然能转移风气，使人渐渐地瞧不起宋明的理学。在建设的方面，这个大运动也有两种趋势：一面是注重实用，一面是注重经学：用实用来补救空疏，用经学来代替理学。前者可用"颜李学派"作代表，后者可用顾炎武等作代表。从"颜李学派"里产出一种新哲学的基础。从顾炎武以下的经学里产出一种新的做学问的方法。戴东原的哲学便是这两方面的结合的产儿。

——《戴东原的哲学》

中国在中古期事实上有三种宗教在同时流行。第一便是那入口的夷教——佛教；第二便是佛教的中国对手方——道教；第三便是尚灾异之说，董仲舒那一派的儒教。

——《现代学术与个人收获》

在这场伟大的"新儒学"（理学）的运动里，对那（道德、知识；也就是

《中庸》里面所说的"诚则明矣，明则诚矣"的）两股思潮，最好的表达，便是程颐所说的："涵养须用敬，进学则在致知。"后世学者都认为"理学"的真谛，此一语足以道破。

——《现代学术与个人收获》

理学最不近人情之处在于因袭中古宗教排斥情欲的态度，戴学的大贡献正在于充分指出这一个紧要关键。

——《几个反理学的思想家》

十三、历史篇

"国故"底名词,比"国粹"好得多。自从章太炎著了一本《国故论衡》之后,这"国故"底名词于是成立。如果讲是"国粹",就有人讲是"国渣","国故"(National Past)这个名词是中立的。我们要明了现社会底情况。就得去研究国故。古人讲,知道过去才能知道现在。

——《胡适演讲集》

整理国故,能使后人研究起来,不感受痛苦。整理国故的目的,就是要使从前少数人懂得的,现在变为人人能解的。整理的条件,可分形式内容二方面讲:(一)形式方面:加上标点和符号,替它分开段落来。(二)内容方面:加上新的注解,折中旧有的注解。并且加上新的序跋和考证,还要讲明书底历史和价值。

——《胡适演讲集》

首先,七世纪没有印刷的书籍。雕版印刷是九世纪开始的,而大规模的印书要到十世纪才有。第一批烧泥作的活字是十一世纪中发明的,用金屑作的活字还要更晚,试想这些大发明使初唐的书和手抄本时代以来文明的一切方面发生了何等可惊的变化!

——《胡适演讲集》

在文学方面,唐代出了一些真正伟大的诗人和几个优美的散文作家。但是没有史诗,没有戏曲,没有长篇小说,这一切都要在唐代以后很久才发展起来。最早的伟大戏曲出现是在十三世纪,伟大的长篇小说是

十六、十七世纪。抒情的歌、戏曲、短篇故事、长篇小说,这种种民间文学渐渐大量发达,构成近代中国文明历史最重要而有趣味的一章。

——《胡适演讲集》

历史可有种种的看法,有唯心的,唯物的,唯人的,唯英雄的,……各种看法,我现在对于中国历史的看法,是从文学方法的,文学的名词方面的。是要把它当作英雄传,英雄诗,英雄歌,一幕英雄剧,而且是一幕英雄悲剧来看。

——《胡适演讲集》

民族主义是爱国的思想,英国有名的先哲曾说过:"一个国家要觉得它可爱时,是要看这个国家在历史上是否有可爱之点。"中国立国五千年,时时有西北的蛮族——匈奴、鲜卑……不断的侵入,可说是无时能够自主的。鸦片战争又经过百年,而更有最近空前的危急,在此不断的不光荣的失败历史中,有无光荣之点,它的失败是否可以原谅,在此失败当中,是否可得一教训。

——《胡适演讲集》

考一物,立一说,究一字,全要有证据,就是考证,也可以说是证据,必须有证据,然后才可以相信。

近三百年始有科学的,精密的,细致的考察,必有所原,许多人以为是十七世纪西洋天主教耶稣会教士带到中国来的,如梁任公先生就是这样主张着。

——《胡适演讲集》

在一千六百年左右,利玛窦来到中国,继之若干年,经明至清朝康熙雍正年间,有许多有名的学者到中国来,他们的人格学问,全是很感动人的，并且介绍了西方的算学、天文学等，十六世纪、十七世纪的西洋科学，恐怕中国的思想界学术界受到他们的影响。

——《胡适演讲集》

中国历史经过长的黑暗时期，学问很乱，没有创造，没有精密的方法，汉代是做古书的注解，唐代是做注解的注解，文学方面有天才，学术方面则没有，并且，这种方法在古代是不易的，那时候没有刻版书，须一一抄写，书籍是一卷一卷的，有的长至四五十尺，读后忘前，没有法子校勘，写本又常各不相同。没有一定的标准本，唐代有了刻版书，到了宋代才发达，如同书经，有国子监的官版本，有标准本后才能够校勘其他的刻本和抄本，这必须书籍方便才可以，毫无问题。

——《胡适演讲集》

我们从历史的观点来作一个比较。更证明现在中国所感应的刺激，所增加的新血液之强大，为历来所未有，这种新刺激新血液，有促中国复活的趋向，所以现在是中国的再生时期，恐怕也就是最末一次的再生运动。因为现在关于政治改革已经大功告成，而在文学改革、社会改革、学术改革诸端也就如狂风怒潮逐波而来，都充满了新的希望。

——《胡适演讲集》

学术上的改革，新科学的提倡，这实在是返老还童最强而最有效力的药针，它能加强和充实新生命的血液，可是它不容易使人得以窥见，在政治、文学、社会上的改革，往往有形式的表现，但是学术上的是潜在的，假如我们不是加以注意，那就不容易觉得！可是，在二十三年以前，我国没有一个自行研究科学的机关，也没有一间纯粹研究科学的大学，但是，到现在来，情形就是不同，各省大学及关于学术研究的机关，纷纷成立，并且从科学知识的接受更进而做创造的研究，过去我国历史上也曾有过科学的再生时期，一般读书人致力于"格物穷理"，但是因为没有科学的背景，行而不通，于是却步不前，达于学术的没落时代；但是现在的环境已经不同。

——《胡适演讲集》

我们看到近二三十年，中国无论政治、文学、社会、学术各方面积极改革，我们知道中国已是再生时期的到临。这个复活时代，而现在正在开始萌发，因为外在的新刺激强大，而内在的潜力膨胀，所以这个再生时期为历来所未有，最少，其前途的进展，可与欧洲的再生时期的洪流相比。

——《胡适演讲集》

我今天提议，不要把中国传统当作一个一成不变的东西看，要把这个传统当作一长串重大的历史变动进化的最高结果看。这个历史的看法也许可以证明是一种很有用的方法，可以使人更能了解中国传统，——了解这个传统的性质，了解这个传统的种种长处和短处——这一切都要从造成这个传统的现状的那些历史变动来看。

——《胡适演讲集》

西方与中国和中国文明的第一次接触是十六世纪的事。但是真正对照和冲突的时代到十九世纪才开始。这一个半世纪来，中国传统才真正经过了一次力量的测验，这是中国文化史上一次最严重的力量的测验，生存能力的测验。

——《胡适演讲集》

早在十六世纪的末尾几年和十七世纪的头几十年，有一个新奇的但又是高度进步的文化来敲中华帝国的大门。最初到中国来的那些耶稣会士都是仔细挑选出来的,都是有准备的。他们的使命是把欧洲文明和基督教开始介绍给当时欧洲以外最文明的民族。最初的接触是很友善又很成功的。

——《胡适演讲集》

我们承认那"有限的可能说",所以对于各民族的文化不敢下笼统的公式。我们承认各民族在某一个时代的文化所表现的特征,不过是环境与时间的关系,所以我们不敢拿"理智"、"直觉"等等简单的抽象名词来概括某种文化,我们拿历史眼光去观察文化,只看见各种民族都在那"生活本来的路"上走,不过因环境有难易,问题有缓急。所以走的路有迟速的不同,到的时候有先后的不同。历史是一面照妖镜,可以看出各种文化的原形;历史又是一座摩镜台,可以照出各种文化的过去种种经过。

——《读梁漱溟先生的〈东西文化及其哲学〉》

在历史上,我们看出那现在科学化(实在还是很浅薄的科学化)的欧洲民族也曾经过一千年的黑暗时代,也曾十分迷信宗教,也曾有过寺院制度,也曾做过种种苦修的生活,也曾极力压抑科学,也曾有过严厉的清净教风,也曾为卫道的热心烧死多少独立思想的人。究竟民族的根本区分在什么地方?至于欧洲文化今日的特色,科学与德谟克拉西,事事都可用历史的事实来说明:我们只可以说欧洲民族在这三百年中,受了环境的逼迫,赶上了几步,在征服环境的方面的成绩比较其余各民族确是大的多多。这也不是奇事:本来赛跑最怕赶上;赶上一步之后,先到的局面已成。但赛跑争先,虽然只有一个人得第一,落后的人,虽不能抢第一,而慢慢走去终也有到目的地的时候。现在全世界大通了,当初鞭策欧洲人的环境和问题现在又来鞭策我们了。将来中国和印度的科学化与民治化,是无可疑的。他们的落后,也不过是因为缺乏那些逼迫和鞭策的环境与问题,并不是因为他们的生活方式上有什么持中和向后的根本毛病,也并不是因为他们的生活上有直觉和现量的根本区别。民族的生活没有不用智慧的。但在和缓的境地之下,智慧稍模糊一点,还不会出大岔子;久而久之,便养成疏懒的智慧习惯了。直到环境通人而来,懒不下去了,方才感发兴起,磨练智慧,以免淘汰。幼稚的民族,根行浅薄,往往当不起环境的逼迫,往往成为环境的牺牲。至于向来有伟大历史的民族,只要有急起直追的决心,终还有生存自立的机会。自然虽然残酷,但他还有最慈爱的一点:就是后天的变态大部分不致遗传下去。一千年的缠足,一旦放了,仍然可以恢复天足! 这是使我们对于前途最可乐观的。

——《读梁漱溟先生的〈东西文化及其哲学〉》

古人说的好,"爱人若将加诸膝,恶人若将坠诸渊"。人情大抵如此。古人又说,"纣之不善,不如是之甚也。是以君子恶居下流,天下之恶皆归之"。古人把一切罪恶都堆到桀、纣身上。就同古人把一切美德都堆到尧、舜身上一样。

——《〈三侠五义〉序》

严格的、显示封建制度特征的阶级界限被政治和社会的根本变动和转变扫除了。

——《先秦名学史》

诗人时代和辩者时代构成了古代中国的启蒙时代。

——《先秦名学史》

如果没有启蒙时期的初步认识,后来的学说便似乎是从天上突然掉下来的了——这当然是不可能的事情。

——《先秦名学史》

看来在公元前六世纪的时候，在许多国家有这样一种人，他们的任务是对当时的青年宣讲对于社会问题和政治问题的激进观点，以教授处理公私生活、行为以及在法庭上辩讼的方法。可能这些人是应当时对政治、外交和战争的实际才能的需要而产生的。在孔子出生的那个诸侯国，我们可以看到这种有广泛群众基础和巨大影响的民众教师。当孔子做了司寇的时候，他处死了一个名叫少正卯的人。孔子对他的指控是"其居处足以撮徒成党，其谈说足以饰邪荧众，其强御足以反是独立"。（《孔子家语》）这些大抵也是柏拉图很想用以反对当时的诡辩派的指控之词。

——《先秦名学史》

关于"孔家店"，我向来不主张轻视或武断的抹杀。你看见了我的《说儒》篇吗？那是很重视孔子的历史地位的。

——《致陈之藩》

十四、社会篇

想到社会与政治的问题，总会提醒我们关于向孔子请教的这两个问题，因为对社会与政治的思考必然会连带想起和计划整个国家，整个社会，或者整个世界的事。所以一切社会与政治理论在用以处理一个情况时，如果粗心大意或固守教条，严重的说来，可能有时候会促成预料不到的混乱、退步、战争和毁灭，有时就真的是一言兴邦，一言丧邦。

——《智识的准备》

研究社会，当然和研究社会学底方法有关系。但这两种方法有不同的地方。就是社会学所研究的是社会状况；社会问题是研究个人生活状况。社会学是科学的，是普遍的；社会问题是地方的，是特别的。研究这两样底倾向既然不同，那研究的方法也该有区别。

——《研究社会问题底方法》

社会学底目的有两样：第一，要知道人类底共同生活究竟是什么样子。在社会里头，能不能把人类社会底普通道理找出来。第二，如果社会里底风俗习惯发生病的状态，应当用什么方法去补救。研究这两个问题，是社会学底目的。但我们研究社会问题，和它有一点不同。因为社会问题是特别的，是一国的，是地方的底缘故。

——《研究社会问题底方法》

中国有子孝妇顺底礼教，行了几千年，没有什么变迁。这是因为当时做儿子的和做媳妇的，对于孝顺底制度没有怀疑，所以不成问题。到现在的时候,做儿子的对于父母,做丈夫的对于妻子,做妻子的对于丈夫等等的礼法,都起了疑心。这一疑就是表明那些制度有点不适用,就是承认那些制度已经有了毛病。

要我们承认某种制度有了毛病,才能成为社会问题,才有研究底必要。我说研究社会问题,应当有四个目的。现在就用治病底方法来形容:第一,要知道病在什么地方。第二,病是怎样起的,他的原因在那里。第三,已经知道病在那里,就得开方给他,还要知某种药材底性质,能治什么病。第四,怎样用药。若是那病人身体太弱,就要想个用药的方法;是打针呢,是下补药呢? 若是下药,是饭前呢,是饭后呢? 是每天一次呢,还是每天两次呢? 医生医治病人,短不了这四步。研究社会问题的人,也是这样。现在所用的比喻是医生治病,所以说的都是医术底名词。

——《研究社会问题底方法》

我们研究一种问题,最要紧的就是把成见除掉。不然,就会受它底障碍。比方一个病人跑到医生那里,对医生说:"我这病或者是昨天到火神庙里去,在那里中了邪,或是早晨吃了两个生鸡蛋,然后不舒服。"如果那个医生是精明的,他必不听这病人底话。他先要看看脉,试试温度,验大小便,分析血液,然后下个诊断。他底工夫是从事实上下手,他不管那病人所说中了什么邪,或是吃了什么东西,只是一味虚心地去检验。我们要做社会的医生也是如此。

——《研究社会问题底方法》

我们研究一种问题,若是没有具体的方法,就永远没有解决的日子。在医书里头,有一部叫做《汤头歌诀》,乡下人把它背熟了,就可以挂起牌来做医生;他只知道某汤头是去暑的,其汤头是补益的,某汤头是温,某汤头是寒;病人的病理,他是一概不知道的。这种背熟几支歌诀来行医的医生,自然比那看脉、检温、验便、查血底医生忽略得多;要盼望他能够得着同样的效验,是不可能的。

——《研究社会问题底方法》

　　研究社会问题的人,有时也犯了背歌诀的毛病。我们再拿娼妓问题来说,有些人不去研究以上所说种种的关系,专去说什么道德啦,妇女解放啦,社交公开啦,经济独立啦。要知道这些都和《汤头歌诀》一样,虽然天天把它们挂在嘴里,于事实上是毫无补益的;不但毫无补益,且能教我们把所有的事实忽略过去。所以我说,第二样要把抽象的方法除掉。

——《研究社会问题底方法》

　　社会底组织非常复杂,必定要找一个下手研究底地方;不然,所研究的就没有头绪;也得不着什么效果。

——《研究社会问题底方法》

　　有许多问题,一到公开的时候,那问题已是解决一大半了。公开的意思,就是把那问题底真相公布出来,教大家都能了解。社会改良家底职分,就是要把社会底秘密,社会底黑幕揭开。中国现在有许多黑幕书籍。他说是黑幕,其实里头一点真事也没有。不过是一班坏人,用些枝枝节节的方法,鼓吹人去做坏事罢了。这里所说的公开,自然不是和那黑幕书一样。

——《研究社会问题底方法》

　　社会的立法,就是用社会的权力,教政府立一种好的法度。这事我们还不配讲,因为有些地方,不能由下面做上来,还要由上面做下去。我们在唐山看见一种包工制度,一个工人底工钱,本来是一元,但是工头都包去招些七毛的,得七毛的也不做工,包给六毛的,得六毛的就去招一班人来,住在一个"乌窑"里头。他们的工钱,都给那得六毛的、得七毛的、得一元的工头分散了。他们一天的生活，只靠着五个铜子，要教他们出来组织工党，是不成功的。欧美各国底工人，都能要求政府立法，因为好些事是他们自己底能力所办不到的，好像身体损伤保险，生命保险，子女底保护和工作时间底规定，都是要靠社会的立法才能办得到的。

——《研究社会问题底方法》

我们由历史方面看，国家是一种最有用的工具。用的好就可以替社会造福，社会改良家一定要利用它，因为它可以帮助我们做好些事。

——《研究社会问题底方法》

世界人类分男女两部，习惯上对于男子很发展，对于女子却剥夺她的自由，不准她发展，这就是社会的"半身不遂"的病。社会有了"半身不遂"的病，当然不如健全的社会了。女子问题发生，给我们一种觉悟，不再牺牲一半人生的天才自由，让女子本来有的天才，享受应有的权利，和男子共同担任社会的担子；使男子成一个健全的人，女子也成一个健全的人！于是社会便成了一个健全的社会！

——《女子问题》

女子问题可以分两部分讲：

（一）女子解放。

（二）女子改造。

解放一部分是消极的：解放中包含有与束缚对待的意思，所以是消极的。改造却是积极的：改造是研究如何使女子成为人，用何种方法使女子自由发展。

——《女子问题》

过日本时如长崎、神户、横滨皆登岸一游。但规模之狭，地方之龌觑,乃至不如上海、天津远甚。居民多赤身裸体如野蛮人,所居属矮可打顶,广仅容膝,无几无榻,作书写字,即伏地为之。此种岛夷,居然能骎骎称雄于世界,此岂[非]吾人之大耻哉!今日韩已合并矣。韩之不祀,伊谁之咎!吾国人犹熟视若无睹然,独不念我之将为韩续也!呜呼!伤已!

——《致胡邵庭、章希吕、胡暮侨、程士范》

祖国风云,一日千里,世界第一大共和国已呱呱坠地矣。去国游子翘企西望,雀跃鼓舞,何能自已耶……现官费学生皆有朝不保夕之势,然吾何恤哉!吾恨不能归飞为新国效力耳!

——《致胡邵庭》

自由不是容易得来的。自由有时可以发生流弊,但我们决不因为自由有流弊便不主张自由。"因噎废食"一句套语,此时真用得着了。自由的流弊有时或发现于我们自己的家里,但我们不可因此便失望,不可因此便对于自由起怀疑的心。我们还要因此更希望人类能从这种流弊里学得自由的真意义,从此得着更纯粹的自由。

——《致吴虞》

人各有所见,不能强同。你们两位既屡以民国为前提,我要请你们认清一个民国的要素在于容忍对方的言论自由。你们只知道"皇帝的名号不取消,就是中华民国没有完全成立",而不知道皇帝的名号取消了,中华民国也未必就可算完全成立,一个民国的条件多着呢!英国不废王室而不害其为民国,法国容忍王党而不害其为民国。我并不主张王室的存在,也并不赞成复辟的活动,我只要求一点自由说话的权利。我说我良心上的话,我也不反对别人驳我。但十几日来,只见谩骂之声,诬蔑之话,只见一片不容忍的狭陋空气而已。

——《致李书华、李宗侗》

争自由的唯一原理是："异乎我者未必即非，而同乎我者未必即是；今日众人之所是未必即是，而众人之所非未必真非。"争自由的唯一理由，换句话说，就是期望大家能容忍异己的意见与信仰。凡不承认异己者的自由的人，就不配争自由，就不配谈自由。

——《致陈独秀》

我记得民国八年你被拘在警察厅的时候，署名营救你的人中有桐城派古文家马通伯与姚叔节。我记得那晚在桃李园请客的时候，我心中感觉一种高兴。我觉得这个黑暗社会里还有一线光明：在那反对白话文学最激烈的空气里，居然有几个古文老辈肯出名保你，这个社会还勉强够得上一个"人的社会"，还有一点人味儿。

但这几年以来，却很不同了。不容忍的空气充满了国中。并不是旧势力的不容忍，他们早已没有摧残异己的能力了。最不容忍的乃是一班自命为最新人物的人。我个人这几年就身受了不少的攻击和污蔑。我这回出京两个多月，一路上饱读你的同党少年丑诋我的言论，真开了不少的眼界。我是不会怕惧这种诋骂的，但我实在有点悲观。我怕的是这种不容忍的风气造成之后，这个社会要变成一个更残忍更惨酷的社会，我们爱自由争自由的人怕没有立足容身之地了。

——《致陈独秀》

近年来北平访问的日朋友往往替"东方的遗产"抱着过分的忧虑，仿佛宁愿东方少年人天天念阿弥陀佛，或打麻将牌，而不愿他们"心醉于唯物论"，或信仰自由主义。这种忧虑，你的答书里也曾提及。

我想，我们两个国家里值得忧虑的，恐怕还有比东方遗产的失坠更重要的吧？我个人决不愁东方遗产与东方文明的失坠。我所焦虑的是我们东方民族刚开始同世界人类的最新文化接触，就害怕他的诱惑，就赶快退缩回到抱残守缺或自夸自大的老路上去。更可焦虑的是我们东方民族也许在那"拥护东方的遗产"的大旗之下做出一自相残害的丑戏来,贻笑于全世界。

——《答室伏高信》

做人的本领不全是学校教员能教给学生的。它的来源最广大。从母亲、奶奶、仆役,⋯⋯到整个的社会,——当然也包括学校——都是训练做人的场所,在那个广大的"做人训练所"里,家庭占的成分最大,因为"三岁定八十"是不磨的名言。中国的家庭环境太坏,所以一般人对于学校教育责望过大。

⋯⋯课堂以外的生活,才是做人的训练。凡游戏、社交、开会、竞赛、选举、自治、互助、旅行、做团体生活,⋯⋯才是训练做人的机会。

——《致叶英》

我们在此狂潮之中,略尽心力,只如鹦鹉濡翼救山之焚,良心之谴责或可稍减,而救焚之事业实在不曾做到。我们(至少可说我个人)的希望是要鼓励国人说平实话,听平实话。这是一种根本治疗法,收效不能速,然而我们又不甘心做你说的"慷慨激昂、有光有热"的文字,——也许是不会做,——奈何! 奈何!

此事当时时放在心上,当与一班朋友细细谈谈,也许能做到更积极一点。

——《致苏雪林》

关于左派控制新文化一点,我的看法稍与你不同。青年思想左倾,并不足忧虑。青年不左倾,谁当左倾?只要政府能维持社会秩序,左倾的思想文学并不足为害。青年作家的努力,也曾产生一些好文字。我们开路,而他们做工,这正可鼓舞我们中年人奋发向前。他们骂我,我毫不生气。

——《致苏雪林》

有人说,社论须署名,则社论更难找人写了。我的看法是,争取言论自由必须用真姓名,才可以表示负言论的责任。若发言人怕负言论的责任,则不如不发表这种言论,所以我办《独立评论》五年之久,没有发表一篇假姓名的文字。我们当初的公开表示是"用负责任的态度,说平实的话"。这种态度,久而久之,终可以得到多数读者的同情和信任。

——《致〈自由中国〉编委》

我回中国所见的怪现状,最普通的是"时间不值钱"。

——《归国杂感》

人生的大病根在于不肯睁开眼睛来看世间的真实现状。明明是男盗女娼的社会,我们偏说是圣贤礼仪之邦;明明是赃官污吏的政治,我们偏要歌功颂德;明明是不可救药的大病,我们偏说一点病都没有!却不知道:若要病好,须先认有病;若要政治好,须先认现今的政治实在不好;若要改良社会,须先知道现今的社会实在是男盗女娼的社会!易卜生的长处,只在他肯说老实话,只在他能把社会种种腐败龌龊的实在情形写出来叫大家仔细看。他并不是爱说社会的坏处,他只是不得不说。

——《易卜生主义》

那雁本是一个海阔天空逍遥自得的飞鸟,如今在半阁里关久了,也会生活,也会长得胖胖的,后来竟完全忘记了他从前那种海阔天空来去自由的乐处了!个人在社会里,就同这雁在人家半阁上一般,起初未必满意,久而久之,也就惯了,也渐渐的把黑暗世界当作安乐窝了。

——《易卜生主义》

世间有一种最通行的迷信,叫做"服从多数的迷信"。

——《易卜生主义》

个人若没有自由权,又不负责任,便和做奴隶一样,所以无论怎样好玩,无论怎样高兴,到底没有真正乐趣,到底不能发展个人的人格。所以哀梨姐说,有了完全自由,还要自己担干系,有这么一来,样样事都不同了。

家庭是如此,社会国家也是如此。自治的社会,共和的国家,只是要个人有自由选择之权,还要个人对于自己所行所为都负责任。若不如此,决不能造出自己独立的人格。社会国家没有自由独立的人格如同酒里少了酒曲,面包里少了酵,人身上少了脑筋:那种社会国家决没有改良进步的希望。

——《易卜生主义》

中国的习惯,男女隔绝太甚了,所以偶然男女相见,没有鉴别的眼光,没有自制的能力,最容易陷入烦恼的境地,最容易发生不道德的行为。

——《美国的妇人:在北京女子师范学校讲演》

自由结婚第一重要的条件,在于男女都须要有点处世的阅历,选择的眼光,方才可以不至受人欺骗,或受感情的欺骗,以致陷入痛苦的境遇,种下终身的悔恨。所以须要有法律规定的年限,以保护少年的男女。

——《美国的妇人:在北京女子师范学校讲演》

人类社会的进化,大概分两条路子:一边是由简单的变为复杂的,如文字的增添之类;一边是由繁复的变为简易的,如礼仪的变简之类。近来的人,听得一个"由简而繁,由浑而画"的公式,以为进化的秘诀全在于此了。却不知由简而繁固然是进化的一种，由繁而简也是进化的一条大路。

——《我对于丧礼的改革》

要想公民道德的进步，要造成良好的公民，只有两条路：第一要给他一个实习做公民的机会，就是实行民治的制度；第二要减少他为恶的机会，使他不敢轻易犯法。

——《〈政治概论〉序》

我们深信中国的大病在于无计划的飘泊，我们深信计划是效率的源头。我们深信一个平庸的计划胜于无计划的瞎摸索。

——《这一周》

在一个公开的政党里，党员为政见上的结合，合则留，不合则散，本是常事；在变态的社会里，政治不曾上轨道，政见上的冲突也许酿成武装的革命，这也是意中的事。

——《这一周》

古人说："暴得大名，不祥。"这话是有道理的。名誉是社会上期望的表示。但是社会往往太慷慨了，往往期许过于实际。所以享大名的，无论是个人，是机关，都应该努力做到社会上对他的期望，方才可以久享这种大名。不然，这个名不副实的偶像，终有跌倒打碎之一日。

——《这一周》

社会革命的目的就是要做到向来被压迫的社会分子能站在大庭广众之中歌颂他的时代为人类有史以来最好的时代。

——《漫游的感想》

我们走遍世界，可曾看见那一个长进的民族，文明的国家，肯这样荒时废业的吗？一个留学日本朋友对我说："日本人的勤苦真不可及！到了晚上，登高一望，家家板屋里都是灯光；灯光之下，不是少年人跪着读书，便是老年人跪着翻书，或是老妇人跪着做活计。到了天明，满街上、满电车上都是上学去的儿童。单只这一点勤苦就可以征服我们了。"

其实何止日本？凡是长进的民族都是这样的。只有咱们这种不长进的民族以"闲"为幸福，以"消闲"为急务，男人以打麻将为消闲，女人以打麻将为家常，老太婆以打麻将为下半生的大事业！

——《漫游的感想》

前次与你谈国中的"新政客"有二大病：一不做学问，不研究问题，不研究事实；二不延揽人才。近来我想，还有一个大毛病，就是没有理想，没有理想主义。

——《欧游道中寄书》

我们现在的任务不在讨论这三个目的地，因为这种讨论徒然引起无益的意气，而且不是一千零一夜打得了的笔墨官司。

我们的任务只在于充分用我们的知识，客观的观察中国今日的实际需要，决定我们的目标。我们第一要问，我们要铲除的是什么？这是消极的目标。第二要问，我们要建立的是什么？这是积极的目标。

我们要铲除打倒的是什么？我们的答案是：

我们要打倒五个大仇敌：

第一大敌是贫穷。

第二大敌是疾病。

第三大敌是愚昧。

第四大敌是贪污。

第五大敌是扰乱。

这五大仇敌之中，资本主义不在内，因为我们还没有资格谈资本主义。资产阶级也不在内，因为我们至多有几个小富人，那有资产阶级？封建势力也不在内，因为封建制度早已在二千年前崩坏了。帝国主义也不在内，因为帝国主义不能侵害那五鬼不入之国。帝国主义为什么不能侵害美国和日本？为什么偏爱光顾我们的国家？岂不是因为我们受了这五大恶魔的毁坏，遂没有抵抗的能力了吗？故即为抵抗帝国主义起见，也应该先铲除这五大敌人。

——《我们走那条路》

因为愚昧，故生产力低微，故政治力薄弱，故知识不够救贫救灾救荒救病，故缺乏专家，故至今日国家的统治还在没有知识学问的军人政客手里。

——《我们走那条路》

第三天，我到水东草堂去看王先生，畅谈了一次。我记得他很沉痛的说："中国之大，竟寻不出几个明白的人，可叹可叹！"我回来想想，下面没有普及教育，上面没有高等教育，明白的人难道能从半空里掉下来？然而平心说来，国中明白的人也并非完全没有。只因为他们都太聪明了，都把利害看的太明白了，所以他们都不肯出头来做傻子，说老实话。这个国家吃亏就在缺少一些敢说老实话的大傻子。

——《我们走那条路》

"说真的吧"，这四个字看来很平常，其实最不容易，必须有古人说的"贫贱不能移，富贵不能淫，威武不能屈"的精神，方才敢说真话。在今日的社会，这三个条件之外，必须还要加上一个更重要的条件，就是要"时髦不能动"。多少聪明人，不辞贫贱，不慕富贵，不怕威权，只不能打破这一个关头，只怕人笑他们"落伍"！只此不甘落伍的一个念头，就可以叫他们努力学时髦而不肯说真话。

——《我们走那条路》

一个国家兵力不如人，被人打败了，被人抢夺了一大块土地去，这不算是最大的耻辱。一个国家在今日还容许整个的省份遍种鸦片烟，一个政府在今日还要依靠鸦片烟的税收——公卖税，吸户税，烟苗税，过境税——来做政府的收入的一部分，这是最大的耻辱。

——《我们走那条路》

但这二十三年中最伟大而又最容易被人忽略的进步，要算各方面的社会改革。最明显的当然是女子的解放。在身体的方面，现在二十岁左右的中国女子不但恢复了健全的人样，并且渐渐的要变成世界上最美的女性了。在教育的方面，男女同学的实行不过十多年，现在不但社会默认为当然，在校的男女学生也都渐渐消除了从前男女之间那种种不自然的丑态。此外如女子的经济地位与法律地位的抬高，如女子参加职业和社会政治事业的人数的加多，如婚姻习惯的逐渐变更，如离婚妇女与再嫁妇女在社会上的地位的改善，这都是二十年来中国社会的大进步。

——《悲观声浪里的乐观》

四十年的奇耻大辱，刺激不可谓不深；四十年的救亡运动，时间不可谓不长。然而今日大难当前，三百六十五个昼夜过去了，我们还是一个束手无策。这是我们在这个绝大纪念日所应该深刻反省的一篇惨史，一笔苦账。

——《我们走那条路》

我们此时应该自觉的讨论这种社会重心的需要，也许从这种自觉心里可以产生一两个候补的重心出来。这种说法似乎很迂缓。但是我曾说过，最迂缓的路也许倒是最快捷的路。

——《我们走那条路》

把自己铸造成器，方才可以希望有益于社会。真实的为我，便是最有益的为人。把自己铸造成了自由独立的人格，你自然会不知足，不满意于现状，敢说老实话，敢攻击社会上的腐败情形，做一个"贫贱不能移，富贵不能淫，威武不能屈"的斯铎曼医生。斯铎曼医生为了说老实话，为了揭穿本地社会的黑幕，遂被全社会的人喊作"国民公敌"。但他不肯避"国民公敌"的恶名，他还要说老实话。他大胆的宣言：

世上最强有力的人就是那最孤立的人！

这也是健全的个人主义的真精神。

——《介绍我的思想》

社会的生命，无论是看纵剖面，是看横截面，都像一种有机的组织。从纵剖面看来，社会的历史是不断的；前人影响后人，后人又影响更后人；没有我们的祖宗和那无数的古人，又那里有今日的我和你？没有今日的我和你，又那里有将来的后人？没有那无量数的个人，便没有历史，但是没有历史，那无数个人也决不是那个样子的女人：总而言之，个人造成历史，历史造成个人。从横截面看来，社会的生活是交互影响的：个人造成社会，社会造成个人；社会的生活全靠个人分工合作的生活，但个人的生活，无论如何不同，都脱不了社会的影响；若没有那样这样的社会，决不会有这样那样的我和你；若没有无数的我和你，社会也决不是这个样子。

——《不朽》

我这"社会的不朽论"的大旨是：我这个"小我"不是独立存在的，是和无量数小我有直接或间接的交互关系的；是和社会的全体和世界的全体都有互为影响的关系的；是和社会世界的过去和未来都有因果关系的。种种从前的因，种种现在无数"小我"和无数他种势力所造成的因，都成了我这个"小我"的一部分。我这个"小我"，加上了种种从前的因，又加上了种种现在的因，传递下去，又要造成无数将来的"小我"。这种种过去的"小我"，和种种现在的"小我"，和种种将来无穷的"小我"，一代传一代，一点加一滴；一线相传，连绵不断；一水奔流，滔滔不绝——这便是一个"大我"。"小我"是会消灭的，"大我"是永远不灭的。"小我"是有死的，"大我"是永远不死、永远不朽的。"小我"虽然会死，但是每一个"小我"的一切作为，一切功德罪恶，一切语言行事，无论大小，无论是非，无论善恶——都永远留存在那个"大我"之中。那个"大我"，便是古往今来一切"小我"的纪功碑，彰善祠，罪状判决书，孝子慈孙百世不能改的恶谥法。这个"大我"是永远不朽的，故一切"小我"的事业，人格，一举一动，一言一笑，一个念头，一场功劳，一桩罪过，也都永远不朽。这便是社会的不朽，"大我"的不朽。

——《不朽》

这个个人主义的人生观一面教我们学娜拉，要努力把自己铸造成个人；一面教我们学斯铎曼医生，要特立独行，敢说老实话，敢向恶势力作战。少年的朋友们，不要笑这是十九世纪维多利亚时代的陈腐思想！我们去维多利亚时代还老远哩。欧洲有了十八九世纪的个人主义，造出了无数爱自由过于面包，爱真理过于生命的特立独行之士，方才有今日的文明世界。

现在有人对你们说："牺牲你们个人的自由，去求国家的自由！"我对你们说："争你们个人的自由，便是为国家争自由！争你们自己的人格，便是为国家争人格！自由平等的国家不是一群奴才建造得起来的！"

——《介绍我的思想》

糊涂生活便是没有意思的生活。你做完了这种生活，回头一想，"我为什么要这样干呢？"你自己也回不出究竟为什么。

诸位，凡是自己说不出"为什么这样做"的事，都是没有意思的生活。

反过来说，凡是自己说得出"为什么这样做"的事，都可以说是有意思的生活。

生活的"为什么"，就是生活的意思。

人同畜生的分别，就在这个"为什么"上。你到万牲园里去看那白熊一天到晚摆来摆去不肯歇，那就是没有意思的生活。我们做了人，应该不要学那些畜生的生活。畜生的生活只是胡混，只是不晓得自己为什么如此做。一个人做的事应该件件事回得出一个"为什么"。

我为什么要干这个？为什么不干那个？回答得出，方才可算是一个人的生活。

我们希望中国人都能做这种有意思的新生活。其实这种新生活并不十分难，只消时时刻刻问自己为什么这样做，为什么不那样做，就可以渐渐的做到我们所说的新生活了。

——《新生活》

社会对个人道："你们顺我者生，逆我者死；顺我者有赏，逆我者有罚。"那些和社会反对的少年，一个一个的都受家庭的责备，遭朋友的怨恨，受社会的侮辱驱逐。再看那些奉承社会意旨的人，一个个的都升官发财，安富尊荣了。当此境地，不是顶天立地的好汉，决不能坚持到底。

——《易卜生主义》

最可笑的是有些人明知世界"陆沉"，却要跟着"陆沉"，跟着堕落，不肯"救出自己"！却不知道社会是个人组成的，多救出一个人便是多备下一个再造新社会的分子。所以孟轲说"穷则独善其身"……这种"为我主义"，其实是最有价值的利人主义。所以易卜生说："你要想有益于社会，最妙的法子莫如把你自己的这块材料铸造成器。"

——《易卜生主义》

古代的社会哲学和政治哲学只为要妄想凭空改造个人，故主张正心，诚意，独善其身的办法。这种办法其实是没有办法，因为没有下手的地方。近代的人生哲学渐渐变了，渐渐打破了这种迷梦，渐渐觉悟：改造社会的下手方法在于改良那些造成社会的种种势力——制度、习惯、思想、教育等等。那些势力改良了，人也改良了。所以我觉得"改造社会要从改造个人做起"还是脱不了旧思想的影响。我们的根本观念是：

个人是社会上无数势力造成的。

改造社会须从改造这些造成社会，造成个人的种种势力做起。

改造社会即是改造个人。

——《非个人主义的新生活》

可靠的民族信心，必须建筑在一个坚固的基础之上，祖宗的光荣自是祖宗之光荣，不能救我们的痛苦羞辱。何况祖宗所建的基业不全是光荣呢？我们要指出：我们的民族信心必须站在"反省"的唯一基础之上。反省就是要闭门思过，要诚心诚意的想，我们祖宗的罪孽深重，我们自己的罪孽深重；要认清了罪孽所在，然后我们可以用全副精力去消灾减罪。

——《信心与反省》

我的愚见是这样的：中国的旧文化的惰性实在大的可怕，我们正可以不必替"中国本位"担忧。我们肯往前看的人们，应该虚心接受这个科学工艺的世界文化和它背后的精神文明，让那个世界文化充分和我们的老文化自由接触，自由切磋琢磨，借它的朝气锐气来打掉一点我们的老文化的惰性和暮气。将来文化大变动的结晶品，当然是一个中国本位的文化，那是毫无可疑的。如果我们的老文化里真有无价之宝，禁得起外来势力的洗涤冲击的,那一部分不可磨灭的文化将来自然会因这一番科学文化的淘洗而格外发辉光大的。

总之,在这个我们还只仅仅接受了这个世界文化的一点皮毛的时候,侈谈"创造"固是大言不惭,而妄谈折中也是适足为顽固势力添一种时髦的烟幕弹。

——《大众语在那儿》

适以今日无海军、无陆军,犹非一国之耻,独至神州之大,无一大学,乃真祖国莫大之辱,而今日最要之先也。一国无地可为高等学问授受之所,则固有之文明日即于沦亡,而输入之文明亦扞格不适用,以其未经本国人之锻炼也。此意怀之有年,甚愿得明达君子之赞助。

——《致〈甲寅〉编者》

儿绝不为儿女婚姻之私,而误我学问之大,亦不为此邦友朋之乐,起居之适,而忘祖国与故乡。

——《致母亲》

我们说整理国故,并不存挤香水之念;挤香水即是保存国粹了。我们整理国故,只是要还他一个本来面目,只是直叙事实而已,粪土与香土皆是事实,皆在被整理之列。

——《致钱玄同》

中国糟到这步田地,一点一滴,都是我们自己不争气的结果。为什么外国人不敢欺负日本呢?我们要救国应该自己反省,应该向自己家里做点彻底改革的功夫。不肯反省,只责备别人,就是自己不要脸,不争气的铁证。

——《致徐志摩》

我很盼望你不要因此灰心,但也盼望你不要因此趋向固执的态度。

凡改革之际,总有阻力,似可用"满天讨价,就地还钱"之法,充分与大众商量,得一寸便是一寸的进步,得一尺便是一尺的进步。及其信用已著,威权已立,改革自然顺利。这个国家是个最 individualistic[个人主义的]的国家,渐进则易收功,急进则多阻力;商量之法似迂缓而实最快捷,似不妨暂时迁就也。

——《致王云五》

"只有真理可以使你自由"(Only the truth can make you free),这是西洋人常说的话。我也可以说:只有真话可使这个民族独立自主。

——《致陶希圣》

国内的情形使我们仍不能乐观,大原因只是一个"陋"字。眼光太陋,胸襟太窄,所以一切总是放不开,放不下。放得下,方挑得起;放得开,方收得拢。此言不但指一二个人,实可指一般干政治的人。国民大会的问题,不过是其一例。

——《致蒋廷黻》

我在外国,虽然没有危险,虽然没有奔波逃难的苦痛,但心里时时想着国家的危急,人民的遭劫,不知何日得了。我有时真着急,往往每天看十种报纸,晚上总是睡的很晚……

——《致江东秀》

我的一个朋友对我说过一句很深刻的话:"你要看一个国家的文明,只消考察三件事:第一,看他们怎样待小孩子;第二,看他们怎样待女人;第三,看他们怎样利用闲暇的时间。"

——《胡适文存三集》

十五、科学篇

凡是科学上能有所发明的人，一定是富于假设的能力的人。

——《清代学者的治学方法》

古代的人因为想求得感情上的安慰，不惜牺牲理智上的要求，专靠信心（Faith），不问证据，于是信鬼，信神，信上帝，信天堂，信净土，信地狱。近世科学便不能这样专靠信心了。科学并不菲薄感情上的安慰；科学只要求一切信仰须要禁得起理智的评判，须要有充分的证据。

——《我们对于西洋近代文明的态度》

我静听到他说完了，我才很客气地答他，大意说："依我的看法，伯南先生的主张和我的主张只有一点不同。我们都要那个'本'，所不同的是：伯南先生要的是'二本'，我要的是'一本'。生产建设须要科学，做人须要读经祀孔，这是'二本'之学。我个人的看法是：生产要用科学知识，做人也要用科学知识，这是'一本'之学。"

——《南游杂忆》

证实是思想方法的最后又是最重要的一步。不曾证实的理论，只可算是假设；证实之后，才是定论，才是真理。

——《介绍我的思想》

少年的朋友们，莫把这些小说考证看作我教你们读小说的文字。这些都只是思想学问的方法的一些例子。在这些文字里，我要读者学得一点科学精神，一点科学态度，一点科学方法。科学精神在于寻求事实，寻求真理。科学态度在于撇开成见，搁起感情，只认得事实，只跟着证据走。科学方法只是"大胆的假设，小心的求证"十个字。没有证据，只可悬而不断；证据不够，只可假设，不可武断；必须等到证实之后，方才奉为定论。

少年的朋友们，用这个方法来做学问，可以无大差失；用这种态度来做人处事，可以不至于被人蒙着眼睛牵着鼻子走。

——《介绍我的思想》

科学家是为求真理。庄子虽有"吾生也有涯，而知也无涯，以有涯逐无涯，殆已"的话头，但是我们还要向上做去，得一分就是一分，一寸就是一寸，可以有阿基米德氏发现浮力时叫 Eureka 的快活。有了这种精神，做人就不会失望。所以人生的意味，全靠你自己的工作；你要它圆就圆，方就方，是有意味；因为真理无穷，趣味无穷，进步快活也无穷尽。

——《科学的人生观》

皮尔士的学说不但是发生的效果；它还要进一步指示我们应该养成的习惯的意义在于它能使我们养成"运动有益身体"观念的健身运动的习惯。科学的目的只是要给我们许多有道理的行为方法，使我们从信仰这种方法生出有道理的习惯。这是科学家的知行合一说。

——《实验主义》

我们要谈博爱，一定要换一观念。古时那种喂蚊割肉的博爱，等于开空头支票，毫无价值。现在的科学才能放大我们的眼光，促进我们的同情心，增加我们助人的能力。我们需要一种以科学为基础的博爱——一种实际的博爱。

——《大宇宙中谈博爱》

附录：胡适生平年表

1891—1899 年

1891 年 12 月 17 日，生于上海大东门外。

1892 年 2 月，随母移居浦东。

1893 年 2 月，随母去台湾其父胡传任所，先住台南，继迁台东。

1894 年在台东由胡传教认方块汉字。

1895 年随母离台返安徽绩溪老家，开始进家塾读书。最初读其父编纂的《学为人师》和《原学》,后陆续诵读"四书五经"。8月,胡传协助刘永福在台抗击日本侵占,退至厦门后病殁。

1899年在家塾读书。

1899年得《第五才子书》,开始阅读中国古典小说。

1900年在家塾读书。

1900—1910年

1901年在家塾读书。《资治通鉴》中引述范缜《神灭论》片段,对其影响极深。

1903年在家塾读书。开始学"反切"。

1904年随兄去上海进梅溪学堂,开始接触《新民丛报》和《革命军》。1905年春,改进澄衷学堂,开始读《天演论》和《群己权界论》,受进化论影响,三哥为其取字"适之"。

1906年夏,考取中国公学,参加中国公学学生组织"竞业学会",并在《竞业旬报》上发表小说和诗歌。

1908年主编《竞业旬报》24—40期。9月,转入中国新公学,兼任英文教员。

1909年10月,新公学解散,因失学失业,在上海过流浪生活。

1910年春,在华童公学教国文。5月,同二哥绍之去北京温习功课。7月,考取庚款留美官费生,改名胡适。9月,抵绮色佳入康奈尔大学农科。

1911—1919年

1911年仍在康奈尔大学农学院学习。开始接触大量外国文学作品。是年开始写《藏晖室札记》。

1912年转入康奈尔大学文学院,修哲学、经济、文学。开始翻译欧美文学名著。

1913年仍在康奈尔大学文学院学习。5月,被推举为世界学生会会长。

1914 年 4 月,被委为康奈尔大学学生会哲学群学部部长。6 月,获得文学学士学位。9 月,被推举为《学生英文月报》主笔之一,负责国内新闻。

1915 年 1 月 9 日,康奈尔世界学生会举行十周年纪念祝典,以干事长身份作"世界会之目的"的演说。9 月,进纽约哥伦比亚大学哲学系,师从杜威。

1916 年仍在哥伦比亚大学哲学系学习。2 月,与梅光迪讨论"文学改良",并开始与《新青年》主编陈独秀通信。11 月,作《文学改良刍议》。

1917 年 4 月,博士论文《古代中国逻辑方法之进化》脱稿。6 月,离美回国,8 月,应蔡元培之邀任北京大学教授,12 月,回安徽绩溪与江冬秀结婚。

1918 年仍在北京大学任教,3 月,被选为北京大学英文部教授会主任。参与《新青年》、《每剧评论》的编辑工作,发表《建设的文学革命论》、《易卜生主义》等文。11 月 23 日,去天津与梁启超见面。是日,母冯顺弟病死。

1919 年仍在北京大学任教,1 月,被聘为《新潮》杂志顾问。2 月,参加《新教育》编辑部工作。又被选为国语统一筹备会会员。5 月,陪同杜威讲学,6 月,接办《每剧评论》,挑起"问题与主义"的论争。11 月,代理北京大学教务长。著《中国哲学史大纲》。

1920 年仍在北京大学任教。《尝试集》出版,引起争论。4 月,在国语讲习所讲"国语文学史"。

1920—1929 年

1921 年 7 月,高梦旦邀其担任商务印书馆编译所所长,小允,转荐王云五。下半年,除在大任务外,去国语讲习所讲了八周"国语文学史"。著《胡适文存》一集。

1922 年仍在北京大学任教。2 月 18 日,被推为中教育改进社筹划全国教育经费委员会赔款部部员。3 月 23 日,去天津南开大学讲学,为时三周,4月25日,当选为北京大学教务长及英文学系主任。5月7日,创办《努力剧报》,鼓吹"好人政府"。7月,在济南讲"再论中学的国文教学"。8月,出席"国语统一筹备会"第四届年会。9月,《努力剧报》增刊——《读书杂志》出版。月底,出席国民政府教育召开的学制会议,为起草宣言者之一。10月,在济南出席全国教育会联合会。著《章实齐先生年谱》。

1923年,33岁,1月,向北大请假一年,到杭州烟霞洞养病。4月21日,离京,月底抵杭。4月,得鲁案委员会授予的三等嘉禾章。10月,到上海商科大学讲"哲学与人生"。是月,又去南京东南大学讲"书院制史略",月底,回北京任《国学季刊》主任编委,撰《〈国学季刊〉发刊宣言》。为"科学与玄学"论战文集《科学与人生观》作序。

1924年,仍在北京大学任教,10月,推荐王国维为清华学校研究院院长。12月,筹办《现代评论》。著《胡适文存》二集。

1925年3月,应聘为"中英庚款顾问委员会"委员。5月,被选为中华图书馆协会董事兼财政委员会委员、索引委员会书记。10月,到上海治病。在此期间,至政治大学及中国公学讲中国哲学,并与郑振铎、高梦旦同游南京。11月,被推举为北平图书馆委员会书记。

1926年,经西伯利亚赴英国参加"中英庚款"全体会议。旅欧期间,阅读大量敦煌写本,发现数万字神会语录。

1927年,在美居留3个月并作演讲,5月底,回上海担任新月书店董事长。被选为管理美国退还庚款的"中华教育文化基金董事会"董事。著《戴东原的哲学》。

1928年2月,受上海东吴大学及光华大学之聘,作哲学讲座。3月,受聘为上海中国公学校长。4月,与高梦旦等同游庐山。4月30日,就任上海中国公学校长,自兼文理学院院长。5月,在南京出席全国教育会议。著《白话文学史》。

1929年,39岁,仍任中国公学校长兼文理学院院长。撰《人权与约法》等文,对国民党政权颇有批评,因而受到当局的警告。

1930—1939 年

1930 年上半年,仍任中国公学校长兼文理学院院长。5 月辞去中国公学校长职务。9 月,去北平,曾在北平大学演讲。11 月初,回上海。28 日,全家搬至北平。著《胡适文存》三集。

1931 年 1 月,出任北京大学文学院院长。编《中国文学史选例》。

1932 年仍任北大文学院院长兼中国文学系主任。与丁文江等创办《独立评论》,自任主编,该刊共出版 244 期。本年被聘为德国普鲁士科学院通讯会员。1933 年,仍任北大文学院院长兼中国文学系主任。7 月在芝加哥大学讲“中国文化的趋势”,演讲稿汇编为《中国之文艺复兴》一书。8 月在加拿大班府参加“太平洋国际学会”。著《四十自述》,译《短篇小说》。

1934 年仍任北大文学院院长兼中国文学系主任。

1935 年仍任北京大学文学院院长兼中国文学系主任。1 月 5 日,在香港大学接受法学名誉博士学位。9 月 7 日,被选为中央研究院第一届评议会评议员。著《胡适论学近著》《南游杂忆》,编《中国新文学大系》。

1936 年上半年,仍任北京大学文学院院长兼中国文学系主任。下半年在美国、加拿大各地演讲。11 月初,在旧金山启程回国。

1937 年上半年仍任北京大学文学院院长兼中国文学系主任。9 月以非正式外交使命赴美。

1938 年 1—5 月,在美国及加拿大游历及演讲。9 月被任命为中国驻美全权大使。

1939 年仍任驻美大使。著《藏晖室札记》。

1940—1949 年

1940 年仍任驻美大使。3 月 5 日,当选为国民政府中央研究院院长候选人。

1942 年 9 月,辞去驻美大使职务,移居纽约从事学术研究。

1943 年应聘为美国国会图书馆东方部名誉顾问。

1944 年 9 月起应聘前往哈佛大学讲中国思想史。

1945 年被任命为国立北京大学校长。作为中国代表团首席代表出席在伦敦召开的联合国教科文组织会议。

1946 年 9 月就任北京大学校长。

1947 年拒绝出任考试院长或行政院长，自称"不入政府，则更能为政府助力"。

1948 年当选为中央研究院第一届人文组院士。

1949 年 4 月赴美定居。11 月在台湾创办《自由中国》，任发行人。

1950—1959 年

1950 年被聘为普林斯敦大学葛思德东方图书馆馆长，为期两年。

1951 年仍任葛思德东方图书馆馆长。编《台湾纪录两种》《台湾日记》及《台湾禀启存稿》。

1952 年 2 月，联合国文教组织聘其为"世界人类科学文化编辑委员会"委员。夏，普林斯敦大学聘约期满，仍任荣誉主持人。十一月下旬至年底在台湾作演说和讲学。

1953 年 1 月，离台经日本返美。

1954 年 5 月，参加哥伦比亚大学 200 周年纪念会并作讲演。

1955 年在美国各地讲学。

1959 年 7 月，参加夏威夷大学的"东西方哲学会议"，被该校授予人文学博士学位，这是他一生获得的 35 个荣誉学位的最后一个。

1960—1962 年

1960 年著《丁文江的传记》。11 月，编《乾隆甲戌重评石头记》。

1962 年 2 月 24 日，主持中央研究院第五次院士会议，在欢迎新院士酒会上心脏病猝发去世。